성적을 올리는 창의 공부 비법
초등 마인드맵 노트법

성적을 올리는 창의 공부 비법
초등 마인드맵 노트법

강승임 글 · 박현진 그림 · 권봉중 감수

서울키즈

머리말

좌뇌와 우뇌를 모두 쓰는 기적의 공부 비법, 마인드맵!

예전에 공부를 아주아주 못하는 아이를 가르친 적이 있어요. 아무리 개념을 설명하고 문제를 풀어도 성적이 오르지 않았죠. 수업 시간엔 틈만 나면 다른 소리를 하고 종종 졸기도 했어요. 그래서 난 이 아이는 '공부를 잘하고 싶은 마음이 없다.'고 결론을 내렸습니다.

그래서 아이에게 물었죠.

"공부를 잘하고 싶지 않지? 그럼 뭘 잘하고 싶니?"

나는 아이가 잘하고 싶어 하는 것이 있다면 아이 부모님께 말씀 드려 그걸 배우게 할 생각이었어요. 그런데 아이의 대답은 뜻밖이었죠.

"공부를 제일 잘하고 싶어요. 정말 잘했으면 좋겠어요."

나는 깜짝 놀랐습니다. 진지하고 간절한 눈빛을 보니 장난은 아니었죠. 아이는 진심으로 공부가 잘하고 싶었던 거예요. 이때부터 난 고민하기 시작했어요. 왜 이 아이는 공부를 잘하고 싶어 하는 마음이 있는데도 공부를 안 하는 걸까? 머리가 나쁜가? 아니면 끈기가 없나?

그러던 차에 '마인드맵 공부법'을 알게 되었어요. 처음엔 '공부법이 다 거기서 거기지, 뭐 특별한 게 있을까?' 하는 생각에 별 기대를 하지 않았습니다.

그런데 조사하고 공부하다 보니 이것이야말로 공부를 잘하고 싶어 하는 아이들이 꼭 알아야 할 기적의 공부법이라는 생각이 들었답니다. 왜냐고요? 좌뇌와 우뇌를 골고루 쓰니까 지루하지 않고 재미있게 공부할 수 있으니까요. 또 공부한 내용을 한눈에 정리할 수 있어서 외울 때도 편하고 그림과 핵심어로만 표현하니까 이해도 쉽고 머리에도 쏙쏙 들어오겠더라고요. 나는 이것이 바뀐 교육과정에 딱 들어맞는 방법이라고 확신했어요.

그래서 아이에게 마인드맵을 만드는 방법을 가르쳐 주고 직접 적용해 보도록 했어요. 결과는 어땠을까요? 당연히 성적이 조금씩 오르기 시작했고, 무엇보다 공부를 즐거워하는 마음이 생겼답니다.

이 책을 보면서 여러분도 마인드맵을 공부에 적용해 보세요. 마인드맵 공부법은 좌뇌와 우뇌의 통합형 공부법이랍니다! 여러분을 국어, 수학, 사회, 과학, 그리고 독서까지 골고루 잘하면서 새로운 생각을 자유자재로 떠올리는 융합(STEAM) 인재로 만들어 줄 거예요.

'배우고 때때로 익히면 매우 즐겁다.' 는 말이 있죠? 이제 마인드맵 공부법을 배워 즐겁게 실천해 보길 바랍니다. 그러면 스트레스 받지 않고 즐기면서 공부를 할 수 있을 거예요!

강승임

머리말 · 04

| 1장 | 공부를 잘하는 비법이 있나요? · 08
| 2장 | 마인드맵 공부 비법을 알고 싶어요! · 22
| 3장 | 모든 공부의 뿌리, 국어 마인드맵 비법 · 40

- 국어는 어려운 과목? 숨은 뜻이 있어!
- 대화는 국어의 기본, 친구도 많아져!
- 독서는 국어의 심화, 사고가 깊어져!
- 국어는 모든 공부의 무기!
- 보고 또 보는 국어 공부 원리
- 국어 마인드맵 비법 ①~③
- 친구들의 국어 마인드맵 엿보기

| 4장 | 머리를 좋게 하는 수학 마인드맵 비법 · 62

- 수학은 생각보다 쉬운 과목? 순서만 지켜!
- 수학적인 생활이 스토리텔링 수학!
- 수학은 열쇠!
- 수학 만점을 위한 순서대로 공부법
- 수학 마인드맵 비법 ①~③
- 친구들의 수학 마인드맵 엿보기

5장 세상을 보는 눈, 사회 마인드맵 비법 · 82
- 사회는 지겨워? 즐기면서 끈기 있게!
- 사회는 배경지식이 제일 중요해!
- 발로 하는 사회 공부가 먼저!
- 살아 있는 사회 교과서, 신문 읽기
- 지도책, 지리책은 필수!
- 한국사 떼고 세계사 넘기!
- 지도·지리책, 역사책 추천
- 사회 시험공부는 교과서 읽기부터!
- 사회 마인드맵 비법 ①~③
- 마인드맵 활용으로 사회 암기 끝!
- 친구들의 사회 마인드맵 엿보기

6장 질문하고 실험하고 관찰하고, 과학 마인드맵 비법 · 102
- 과학은 어려워? 알쏭달쏭 흥미롭게!
- 과학은 호기심이 중요해!
- 두리번두리번 관찰하고 실험하고!
- 과학 만화, 과학 잡지도 좋아!
- 재미와 지식을 잡는 과학책
- 질문하고 상상하며 과학 교과서 읽기
- 과학 만점을 위한 문제 유형
- 과학 마인드맵 비법 ①~③
- 친구들의 과학 마인드맵 엿보기

7장 차원이 다른 책읽기와 독서 마인드맵 비법 · 122
- 생각하면서 읽기 시작!
- 깊고 엉뚱한 생각법
- 생각은 깊을수록, 엉뚱할수록 좋은 법!
- 마음이 '쿵' 하면 밑줄 쫙~
- 책을 읽는 이유와 목적을 정해!
- 독서 마인드맵 비법 ①~⑥

공부는 '내'가 하는 게 아니라 '뇌'가 하는 거야!
따라서 우리 뇌의 특성을 알면 아주 쉽고 재미있게 공부할 수 있지.
우리 뇌는 순서 없이 생각을 떠올리고, 꼬리에 꼬리를 물어 연상을 하지.
또 원인과 결과, 문제와 해결, 시작과 끝을 연결해서 알고 싶어해.
잘 잊어버리기도 하지만 반복하거나 그림 및 영상과 함께 보면 오래 기억하지.
이런 뇌에 적합한 **마인드맵 노트법**으로 매일 100점 도전!

1장

공부를 잘하는 비법이 있나요?

공부는 뇌가 하는 것이다

공부를 잘하는 비법이 있나요?

공부는 뇌가 하는 것이다

나도 이젠 공부를 잘하고 싶어요. 그 동안 건성건성 대충대충 했거든요.

그러니 성적은 말 안 해도 뻔하죠. 오르락내리락 들쑥날쑥이에요.

컨디션이 좋은 날은 상위권, 나쁜 날은 중하위권.ㅠㅠ

이런 오락가락 성적에서 벗어나 이제는 상위권에 정착하고 싶어요.

비법이 있겠죠? 알려 주세요.

공부를 잘하는 비법이 있냐고?

당연히 있지!

먼저 어른들의 말을 들어볼까?

"공부는 엉덩이 힘으로 하는 거야."

대다수의 어른들은 책상 앞에 오래 앉아 있어야 공부를 잘할 수 있다고 말해. 어느 정도는 맞는 말이지.

공부를 할 때는 읽고, 이해하고, 암기하고, 문제를 푸는 과정이 필요한데, 이걸 다 하는 데는 분명 시간이 걸리니까. 오래 앉아 있다는 건 그만큼 공부에 시간을 쏟는다는 뜻이니까 틀린 말은 아니야.

하지만 시간을 쏟는다고 결과가 좋은 건 아니야. 눈으로는 교과서를 보면서 머리로는 딴 생각을 하고 집중하지 않으면 공부 효과가 없겠지?

그래서 어떤 어른들은 이렇게 말해.

"공부는 집중력이야. 꼭 알겠다는 의지가 있어야 해."

집중력이란, 내가 의도한 방향으로 정신을 모으는 걸 뜻해. 좋든 싫든 상관없이 해야 하는 일을 나의 일로 받아들이고 생각을 모으는 것이지.

좋아하는 일에 정신을 모으는 건 쉽지? 게임을 하거나 TV를 볼 때, 아니면 만화책을 읽거나 블록을 쌓을 때는 정말 눈이 튀어나올 정도로 집중을 하지.

공부도 좋아하게 된다면 누가 뭐라 하지 않아도 저절로 정신이 모아질 거야. 그런데 문제는 아직은 공부를 좋아하지 않는다는 거지. 그러면 공부가 금세 지루하고 지겨워지고 귀찮아져. 그럼 딴 생각이 안 날래야 안 날 수가 없어.

그래서 몇몇 어른들은 마침내 이렇게 단정을 지어 버려.
"역시 공부는 머리야. 뭐니 뭐니 해도 IQ가 높아야 돼."

IQ가 높은 아이들은 어려운 개념도 척척 이해하는 편이니까 굳이 집중을 오래 하지 않아도 금세 공부 내용을 습득할 수 있어. 이해를 잘하면 기억하는 것도 더 쉬워져서 별 노력을 하지 않아도 좋은 성적이 나오는 편이야.

하지만 머리만 믿고 자기가 다 안다고 착각한 나머지 더 이상의 공부를 하지 않으면 지식은 깊어지지 않고 기억도 오래 가지 않아 발전이 없지. 당연히 성적도 더 이상 오르지 않는 경우가 많아. 그럼 좋은 IQ를 가지고 태어난 게 무슨 이득이 있을까? 뇌는 쓰면 쓸수록 좋아진단다. 그러니 IQ가 높다고 자만하거나, 반대로 낮다고 실망하지 말고 최고의 공부법을 찾아 꾸준히 하는게 가장 좋겠지!

도대체 공부를 잘하는 비법이 뭐냐고?

이제 이야기를 해 줄게. 대신 잘 들어.

그 비법은 바로 너 자신이야! 좀 더 정확히 말하면 너의 '뇌'란다.

뇌를 자유롭게 잘 쓰면 공부를 잘할 수 있어!
결국 공부는 내가 하는 게 아니라 뇌가 하는 거니까.

공부뿐이겠니? 뇌는 우리가 해야 하는 이런 저런 어려운 일들도 척척 한단다. 책읽기, 글쓰기, 발표하기, 아이디어 짜내기, 보고서 쓰기, 회의하기, 토론하기, 진로 찾기 등 고민하던 일들을 하나씩 해결하지.

참, 머리가 좋아야 뇌를 잘 쓰는 건 아니야. 뇌를 쓴다는 건 머리가 좋은 것과는 달라. 머리가 좋은 사람도 뇌를 쓰지 않으면 녹슬고, 머리가 조금 나쁜 사람도 뇌를 쓰다 보면 점점 머리가 좋아지지. 뇌는 쓰면 쓸수록 좋아지는 거거든.

그러니까 지금 너의 머리면 충분해.

우리의 뇌에 대해 알고 그 사용법만 익히면 문제없어.

뇌 사용법을 익히는 데는 그리 높은 IQ가 필요하지 않아. 그냥 뇌가 원래 생겨먹은 대로 사용하는 거니까. 이건 게임기를 다루는 것처럼 쉽고 간단한 일이란다. 수학 문제를 풀 듯 긴장할 필요는 없어.

우리의 뇌는 자유로움을 원해!

인간의 두뇌에는 약 1조 개의 뇌세포가 있대. 뇌세포를 특별히 '뉴런'이라고 하지. 뉴런은 하나의 몸통에 수십, 수백, 수천 개의 촉수가 나뭇가지처럼 달려 있는데, 이것들은 다른 뉴런들과 복잡하게 연결되어 있단다.

한 개의 뉴런은 대략 1만 개 이상의 다른 뉴런들과 동시에 연결될 수 있어.

그래서 우리가 무슨 일을 하든지 순식간에 아주 많은 정보들이 이 뉴런에서 저 뉴런으로 왔다 갔다 해. 이 때문에 생각도 마구잡이식으로 마구 떠오르는 거야.

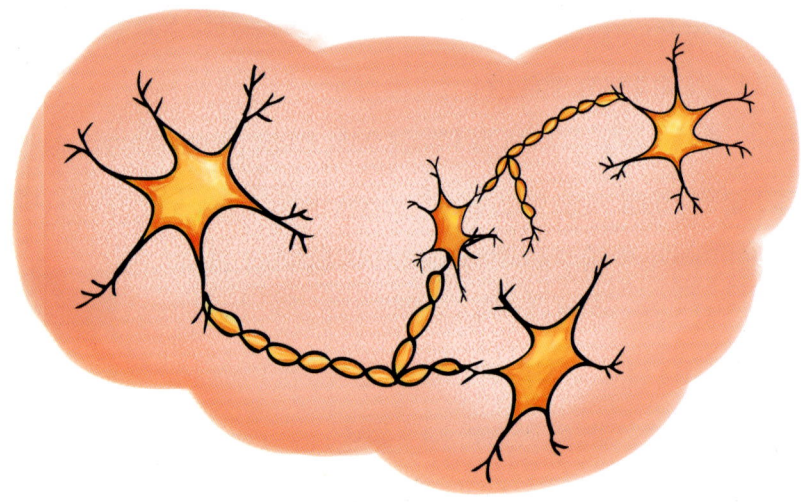

예를 들어 '사과'를 보았다고 해 보자.

그 순간 수만 개의 뉴런이 서로 연결되어 정보를 주고받게 되지. 그러면 머릿속에는 '사과'만 떠오르는 게 아니라 '빨갛다', '맛있다', '과일', '새콤하다', '과수원', '배' 등 수십 가지 생각과 이미지가 동시에 떠올라.

친구랑 얘기할 때도, 책을 읽을 때도, 수업을 들을 때도, 공부를 할 때도 마찬가지야. 수많은 뉴런들이 서로 복잡하게 연결되어 동시에 정보를 주고받으면서 일을 하니까 순식간에 이 생각 저 생각, 이 장면 저 장면이 떠오르지.

그러니까 뇌는 한 가지 생각만 떠올리거나, 그와 관련된 생각만 떠올리는 게 안 돼. 만약 이렇게 하려고 애를 쓴다면 그건 뇌를 괴롭히는 거나 다름없어.

뇌의 있는 그대로의 모습을 인정하자. 우리의 뇌는 자유로워.

그러니까 **공부도 생각을 억압하지 말고 자유롭게 해야 한단다.** 생각을 마구 떠올리는 뇌의 특성에 딱 맞게 말이야.

그런 공부법이 있냐고? 이제 그 비법을 말할게.

바로 '마인드맵 공부법' 이야.

사과를 중심어로 하는 마인드맵이야. 떠오르는 생각들이 억압되지 않고 다 들어가 있어.

우리 뇌의 특성을 좀 더 알고 싶어요!

두뇌의 특성을 아주 간단히 정리해 줄게.

우리의 뇌는 사방으로 뻗어 나가면서 동시다발적으로 생각을 떠올리곤 해. 생각들이 사방으로 나뭇가지처럼 뻗어 나가지. 생각을 하다 보면 확장되어 점점 더 많아진단다.

또 우리의 뇌는 꼬리에 꼬리를 물어 생각하는 능력이 뛰어나. 이걸 '연상'이라고 해. 예를 들어 새가 나는 걸 보고 비행기 날개를 떠올리는 거야. 연상을 잘하면 응용 능력이 향상된단다.

우리의 뇌는 완성을 추구해. 무슨 말이냐고? 어떤 이야기가 시작되면 끝까지 들으려고 하지. 또 결과를 들으면 원인을 알려고 하고, 원인을 알면 그 결과에 관심이 생겨. 문제가 생기면 해결책을 찾고 싶어 하고 말이야.

하지만 **우리의 뇌가 생각을 마구 떠올리는 만큼 우리는 잘 잊어버리기 쉬워.** 이런 줄도 모르고 사람들은 공부를 할 때 복습을 잘 안 하지. 우리의 뇌는 무엇이든 반복적으로 하는 것이 필요한데 말이야. 반복을 하면 훨씬 오래 기억할 수 있거든.

우리의 뇌가 오래 기억하는 방법이 또 있어. **그림이나 영상을 함께 보면 더 잘 기억해.** 그리고 보는 것만 하는 게 아니라 듣는 것, 냄새 맡는 것, 촉감을 느끼는 것, 맛을 보는 것 등 오감을 활용하면 역시 기억에 도움이 되지. 그리고 우리 뇌가 연상을 좋아하니까 예전의 경험과 연결지어 공부하면 더 오래 기억에 남겠지?

참, 우리의 뇌는 처음 배운 것과 마지막에 배운 것은 잘 기억하는 편인데 중간에 배운 것은 잘 잊어버린단다. 그래서 공부를 할 때는 시간을 길게 잡지 말고 45분 정도 한 다음 쉬어 주는 게 좋아.

마인드맵은 이러한 두뇌의 특성을 두루두루 활용하는 공부법이란다.

뇌 X-파일

1. 사방으로 뻗어 나가는 생각
2. 꼬리에 꼬릴 물어 생각
3. 완성 추구
4. 잘 잊어버림
5. 그림으로 기억
6. 처음과 끝을 잘 기억

다섯 가지 감각을 사용하면 기억이 더 잘된대~.

시각
후각
청각
미각
촉각

좌뇌와 우뇌 얘기를 해 볼까?

이번엔 좌뇌와 우뇌에 대해서 알려 줄게. 이걸 알면 어째서 마인드맵이 두뇌와 잘 맞는지 아주 확실히 깨달을 수 있을 거야.

그런데 그 전에 한 가지 알아야 할 게 있어. **우리는 좌뇌와 우뇌를 모두 사용한다는 거야!**

좌뇌와 우뇌는 앞에서 보면 나뉘어 있는 것처럼 보이지만 뒤에서는 서로 연결되어 있단다. 그래서 각자 받아들인 정보를 교환하면서 더 잘 이해할 수 있도록 도움을 줘.

그러니까 자신을 좌뇌형 인간, 또는 우뇌형 인간이라고 규정하는 건 옳지 않아. 이런 생각은 오히려 두뇌의 발달을 가로막는단다.

물론 지금은 둘 중 어느 한 쪽 뇌를 좀 더 많이 사용할 수 있어. 그렇다고 앞으로도 그 뇌만 사용할 수 있다는 건 아니야. 아직 다른 쪽 뇌가 덜 개발되었을 뿐이지.

그렇다면 우리가 어떻게 하느냐에 따라 좌뇌와 우뇌 모두를 효과적으로 사용할 수 있겠지? 둘 다 활발히 사용하게 된다면 공부든 뭐든 즐기면서 쉽게 할 수 있을 거야.

좌뇌와 우뇌의 완전 비교

좌뇌는 꼼꼼해. 단어와 숫자, 순서와 목록에 관련된 정보를 처리하지. 좌뇌는 논리적이고 분석적으로 생각한다는 특성이 있어. 또 정보와 근거를 바탕으로 추론을 해.

그래서 좌뇌를 즐겨 쓰는 아이들은 공부를 할 때 처음에 배운 내용이 이해가 가지 않으면 그 다음 내용을 잘 못 받아들인단다.

우뇌는 이와 반대야. 꼼꼼하게 하나씩 보기보다 전체적인 모습을 봐야 이해를 해. 우뇌는 이미지, 리듬, 공간, 상상, 색깔, 입체 등의 정보를 처리해.

그래서 우뇌를 즐겨 쓰는 아이들은 한 번에 여러 가지 생각을 하고, 공부를 할 때도 순서에 관계없이 되는 대로 하는 편이지. 하나를 보고는 뭔지 잘 모르고, 여러 가지를 보아야 무슨 내용인지 감을 잡고 공부를 한단다.

이렇게 좌뇌와 우뇌는 저마다의 특성이 있어. 이런 특성들을 공부하는 데 모두 사용한다면 공부가 정말 쉽고 재미있어지겠지? 그 공부법이 바로 '마인드맵 노트법'이란다!

좋아, 이제부터 니가 좋아하는 마인드맵으로
자유롭게 공부해 볼 테야!
성적을 쑥쑥 올려 보는 거야!

마인드맵은 뇌가 원하는 공부법이야!
한 페이지로 정리하니까 공부한 내용을 한눈에 알 수 있어.
마인드맵을 만들 땐 **중심 이미지**를 가운데 그리거나 중심어를 쓰고,
거기서 **주가지, 부가지, 세부가지**로 뻗어 나가면서
관련 가지 위에 키워드를 쓰거나 키이미지를 그려나가면 돼.
마인드맵을 만들 땐 색깔을 다양하게 쓰고,
이미지와 상징 기호도 많이 쓰면 좋아!

2 장

마인드맵 공부비법을 알고 싶어요!

마인드맵은 즐겁고 쉽고 간단하다

마인드맵 공부비법을 알고 싶어요!
마인드맵은 즐겁고 쉽고 간단하다

전교 꼴찌에서 전교 1등이 된 어떤 오빠 이야기를 TV에서 본 적이 있어요.

그 오빠는 노트 필기를 하면서부터 성적이 쑥쑥 올랐대요.

어떻게 필기하는지 자세히 봤더니 많이 쓰지도 않고

여기 저기 그림도 잔뜩 그려져 있었어요.

이게 마인드맵 노트법인가요?

마인드맵 노트법에 대해 자세히 알고 싶어요!

전교 1등 노트의 비밀은?

전교 1등들의 노트를 살짝 엿보면 마인드맵 형태로 정리한 것을 많이 볼 수 있어. 왜 그럴까?

앞에서도 말했지만 마인드맵은 뇌가 원하는 공부법이니까!

전교 1등이 된 후 마인드맵으로 노트 필기를 하는 게 아니라 이 방법을 알고 꾸준히 사용하면 마침내 전교 1등이 될 수 있단다.

노트 필기 하나가 어떻게 전교 1등까지 만들 수 있냐고?

마인드맵 필기는 보통의 노트 필기와 달라.

우리가 흔히 보는 노트 필기는 요약된 내용이 세로로 차례차례 정리되어 있지? 언뜻 보면 깔끔하지만 막상 그렇게 정리하려면 정말 힘이 많이 든단다. 나중에 복습하기 위해 다시 볼 때도 내용이 많아 부담이 되지. 핵심적인 내용이나 단어가 눈에 잘 안 띄니까 말이야.

하지만 **마인드맵을 사용하면 그림도 그리고, 여러 가지 색깔로 표현하고, 키워드 중심으로 정리하니까 노트 필기가 쉽고 재미있어져.**

무엇보다 공부한 내용을 한 페이지로 정리할 수 있으니까 무엇을 배웠는지 한눈에 알 수 있어. 그래서 자꾸 봐도 부담이 없고 저절로 복습이 돼. 또 관련 그림도 포함시키니까 창의력, 상상력도 발달한단다.

마인드맵이 뭔지 알려 줄게

마인드맵을 영어로 쓰면 'Mind Map'이라고 써. 우리말로 번역하면 '마음 지도', 또는 '생각 지도'라고 할 수 있지. 여태까지 배운 내용이나 생각 등을 마치 지도를 그리듯이 펼쳐 보이는 걸 말해.

마인드맵을 개발한 사람은 영국의 심리학자 '토니 부잔'이란다. 그는 사람들이 일일이 기록하는 데 너무 많은 시간을 쓰는 걸 보고 획기적인 방법을 고민하기 시작했어. 그 결과 마인드맵이 탄생했지.

마인드맵을 사용하면 일일이 하나씩 다 적는 것보다 기억을 하는 데나 창의력을 발달시키는 데 더 큰 도움이 된대. 또 시간도 훨씬 절약되고 말이야.

마인드맵의 수많은 장점 중 창의력 발달에 도움을 주는 것은 어떤 한 주제에 대해 머릿속에서 생각이 떠오르는 대로 자연스럽게 표현할 수 있다는 거야.

마인드맵은 나무와 같아. 나무를 보면 큰 기둥에서 나온 가지들이 사방으로 뻗어 나가 있지? 그리고 잎과 열매도 주렁주렁 달려 있어.

여기서 기둥은 '주제', 가지들은 크기 순으로 '주가지', '부가지', '세부가지', 잎과 열매는 '낱말'과 '이미지'라고 할 수 있어.

나뭇가지가 쭉 뻗어 나가는 것처럼 우리 생각도 막힘없이 펼쳐 보자.

마인드맵을 만들 때 사용하는 용어는?

앞에서 마인드맵을 설명할 때, '주가지', '부가지' 등의 말을 썼지? 그건 마인드맵을 만들 때 사용하는 용어란다. 다음 그림을 보면 단번에 그 용어들을 익힐 수 있어.

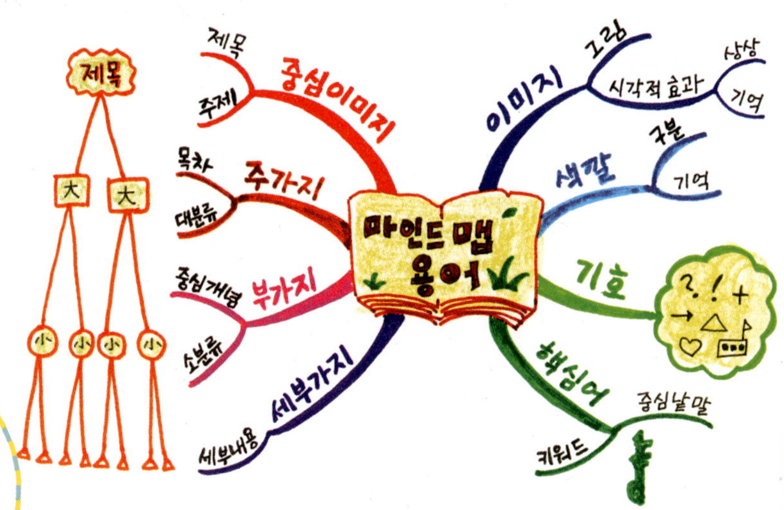

마인드맵의 용어를 잘 알아 둬. 중심 이미지는 마인드맵의 주제라고 할 수 있지.

중심 이미지는 마인드맵의 주제라고 할 수 있어. 거기서 뻗어 나온 첫 번째 가지를 주가지라고 하고, 주가지에서 뻗어 나온 가지를 부가지, 부가지에서 나온 가지를 세부가지라고 해. 각 가지마다 그 위에 연상되는 낱말, 즉 키워드를 적거나 이미지를 그려. 물음표나 삼각형 등 여러 가지 기호를 그릴 수도 있어.

마인드맵을 만들 땐 어떤 준비물이 필요해요?

멋진 마인드맵을 만들기 위해서는 "나는 잘할 수 있다!"라는 긍정적인 태도가 가장 필요해. 어떤 생각이든 억누르지 말고 활짝 펼쳐보여야 하니까. 그 다음 아래 그림과 같은 준비물이 필요하단다.

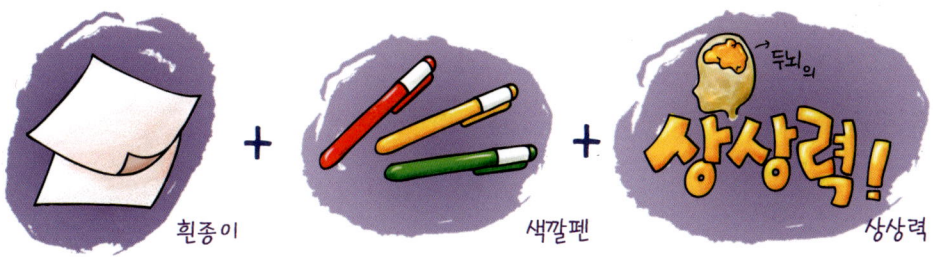

흰종이 + 색깔펜 + 상상력

마인드맵을 그릴 때는 **줄 없는 노트**를 사용해. 생각을 자유롭게 펼칠 수 있고, 여백도 잘 활용할 수 있어. **펜은 3가지 이상 다른 색깔을 준비**해. 한 가지 색으로 그리면 지루하기도 하고, 눈에도 잘 안 띄거든. 여러 가지 색깔은 우리의 뇌를 자극해서 다양한 생각을 떠올리게 한단다. 마지막으로 **상상력**이 필요해. 마인드맵은 단어와 이미지가 선으로 연결된 일종의 그림이야. 그러니까 그림을 떠올리는 능력인 상상력이 필요하지. 그렇다고 꼭 그림을 잘 그려야만 하는 건 아니야. 조금 서툴러도 포기하지 않고 자꾸 시도해 보는 게 중요하단다.

마인드맵을 만드는 순서는 이거야!

흰 종이와 색깔 펜을 준비했니? 그럼 이제 마인드맵을 만들어 볼까?

① 종이를 가로로 놓고 가운데 중심 이미지를 그려.

중심 이미지는 그림으로 그리면 좋아. 만약 낱말로 적어야 한다면 여러 가지 색을 사용하여 입체적으로 표현해 봐. 그럼 눈에 잘 띄거든.

② 중심 이미지에서 연결되어 뻗어 나온 주가지를 그려.

주가지를 그릴 땐 각각 다른 색깔로 굵게 그려. 그리고 부드럽게 곡선으로 그리면 좋아. 주가지 위에 핵심 낱말을 적는데, 가지의 길이는 낱말 길이와 비슷하게 하면 된단다.

③ 부가지, 세부가지 등 중심에서 멀어질수록 가늘게 그려.

각각의 주가지에서 부가지를 연결해서 그리고, 그 다음 부가지에서 세부가지를 또 연결해서 그려. 가지는 중심에서 멀어질수록 가늘게 그리고, 낱말의 크기도 중요도에 따라 조절하면 기억에 더 오래 남는단다.

④ 이미지, 상징 기호, 부호 등을 사용해.

글자만 쓰면 마인드맵이 답답해 보이고 우리 뇌도 금세 피곤해져. 그래서 이미지를 많이 사용하면 좋단다. 예를 들어 '꽃' 이라고 쓰는 대신 꽃을 그리는 거야. 그러면 색깔, 향기, 모양 등과 연관된 내용이 더 많이 떠오르지.

그리고 상징 기호나 부호를 사용해. 예를 들어 '기분이 좋다.' 라는 내용을 쓰고 싶으면 '기분↑' 이라고 쓰거나, 아예 '☺' 표정으로 그릴 수 있어.

⑤ 화살표나 번호를 사용해.

가지끼리 서로 연결된 내용이 있다면 화살표를 사용해 봐. 화살표는 시선을 그 방향으로 움직이게 해 주니까 자연스럽게 내용이 연결되지. 여러 가지 모양의 화살표를 사용해야 마인드맵이 더 아름다워지겠지?

그리고 순서를 알아야 하는 내용이라면 번호도 붙여 봐. 과학에서 실험과정을 쓸 때처럼 말이야.

⑥ 함께 기억해야 하는 가지는 테두리를 쳐.

마인드맵을 다 그린 다음에 함께 기억해야 하는 내용이 있다면 그 부분을 묶어서 말구름 테두리를 그려 줘. 그럼 내용이 더 분명해진단다.

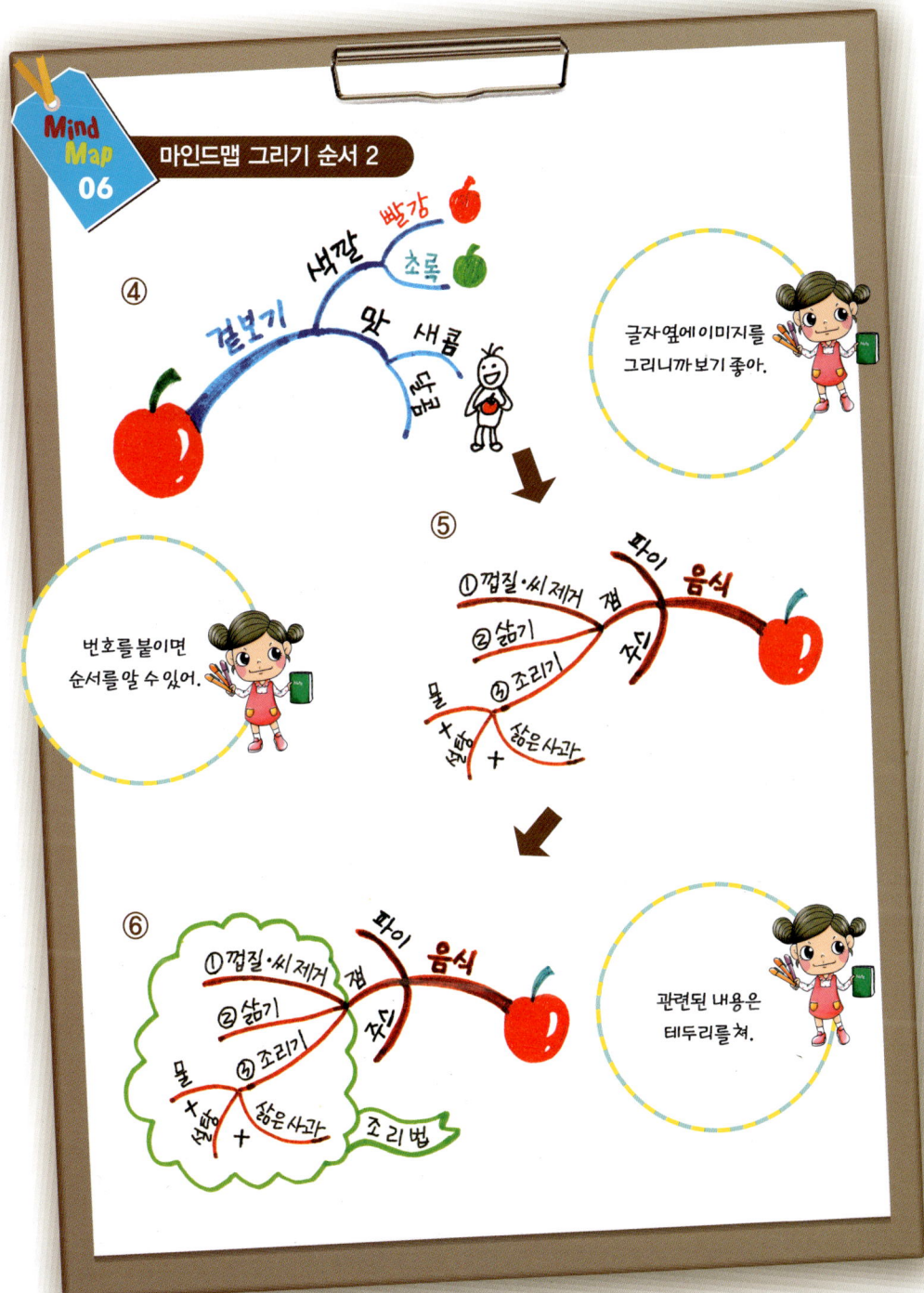

이런 건 마인드맵이 아니야!

낱말과 이미지를 선으로 연결했다고 해서 다 마인드맵은 아니야.
마인드맵은 언뜻 보기에 거미줄과 비슷해. 낱말이 선으로 얼키설키 연결되어 있으니까. 그래서 다음과 같은 모양으로 마인드맵을 만드는 경우가 많아.

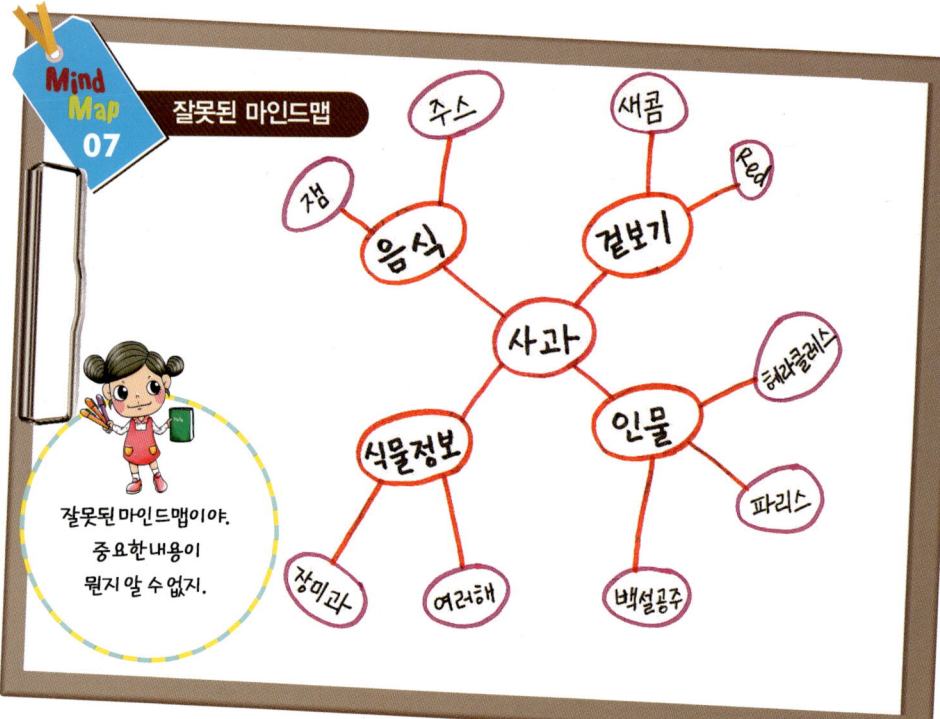

이런 건 마인드맵이 아니란다! 동그라미를 선으로 잔뜩 연결했을 뿐이야. 이렇게 그리니까 종이가 남는 부분도 많고 어느 게 중요한 내용인지 구분도 잘 안 돼.
낱말은 가지 위에 쓰고, 이미지도 많이 활용해야 진짜 마인드맵이야!

마인드맵을 그릴 때 주의할 점이 있어. 글씨, 가지 모양, 키워드, 이미지 등 어떤 점들을 주의해야 하는지 알아보자.

① 필기체는 안 돼, 글씨는 똑바로!

② 키워드는 가지 위에, 한 가지에 하나씩!

③ 구나 문장은 길어, 키워드는 낱말로!

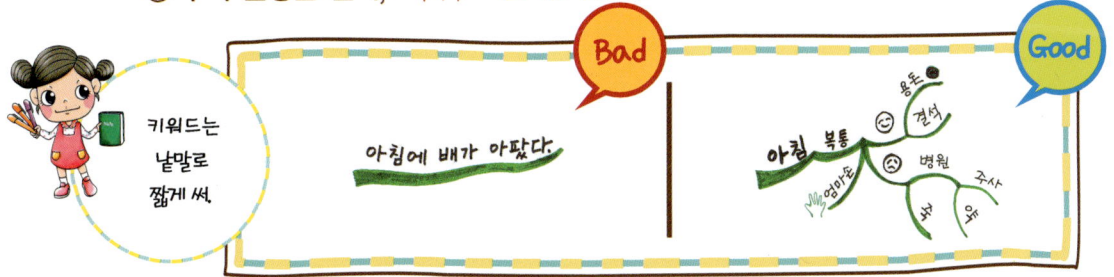

④ 이미지는 간단하게, 색깔을 넣어!

⑤ 글자, 가지, 이미지는 다양한 크기로!

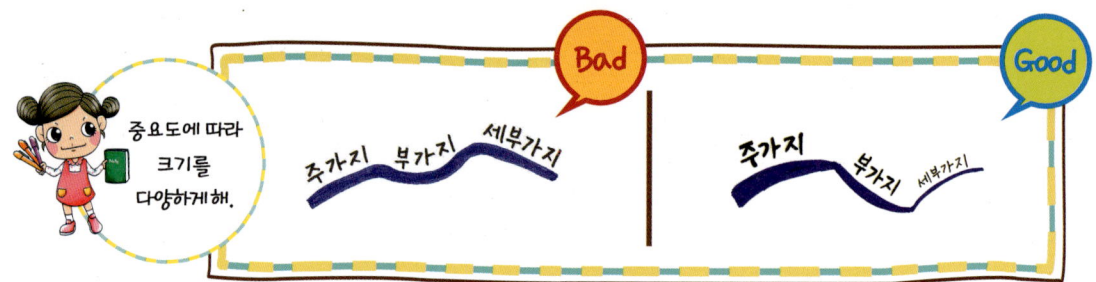

⑥ 공간과 여백을 활용해 가지를 모든 방향으로 뻗어 나가게!

또 주의할 점 세 가지!

 마인드맵은 아름다울수록 좋아!

그렇다고 지저분하고 정리되지 않은 마인드맵이 잘못된 건 아니야. 시간이 없거나 머리가 복잡하면 지저분한 마인드맵이 나올 수 있지. 하지만 우리 뇌는 아름다운 걸 좋아하고 더 오래 기억하니까 아름답게 만들려고 노력하자.

 생각이 떠오르지 않으면 질문, 뒤집어서 생각, 아니면 이미지 추가!

마인드맵을 그리다가 막힐 때가 있을 거야. 그땐 육하원칙(누가, 언제, 어디서, 무엇을, 어떻게, 왜)에 따른 질문을 해 보거나, 그것의 맛, 냄새, 모양, 촉감, 색깔, 소리 등을 생각해 봐. 또 어떤 쓸모가 있고, 기능은 무엇인지도 알아보렴. 이미지를 그려 보는 것도 좋은 방법이야.

 시간이 날 때마다 마인드맵 복습!

마인드맵을 그리는 이유는 암기와 이해를 쉽게 하고 생각을 잘 정리하기 위해서야. 그래서 한 번 그리고 덮어 두지 말고 종종 펼쳐보고는 복습을 하는 것이 좋아. 복습을 할 때는 한 번 훑어 본 다음 다시 새롭게 그려 보는 것도 좋단다.

이제 세상에서 가장 멋진 마인드맵 만들기에
도전할 거야! 봐도 또 보고 싶은
나만의 마인드맵 기대!

국어는 생각보다 어려워!
우리말이라고 우습게 보았다가는 큰코다치지.
국어 공부를 잘하려면 평소 **대화**도 많이 나누고 **책**도 많이 읽어야 해.
그리고 교과서를 꼼꼼히 읽으면서 **속 뜻**을 제대로 파악해야지.
마인드맵으로 정리할 땐 **글의 종류별 특성**을 알면 쉬워.
설명문, 논설문, 이야기, 시, 편지, 광고문 등 골고루 익히기!

3 장

모든 공부의 뿌리, 국어 마인드맵 비법

국어는 숨은 뜻을 알아야 한다

모든 공부의 뿌리, 국어 마인드맵 비법

국어는 숨은 뜻을 알아야 한다

다른 과목은 다 괜찮은데 국어가 문제예요!

아빠는 왜 한국 사람이 한국말도 못하냐고 시험만 보면 꾸중을 합니다.

저도 왜 그런지 아주 답답해요.

어떻게 하면 국어 공부를 잘할 수 있을까요?

국어 마인드맵 비법 좀 공개해 주세요!

국어는 어려운 과목? 숨은 뜻이 있어!

"국어가 왜 이렇게 어려운 거예요?"

아이들은 종종 이런 불만을 터뜨려. 국어는 우리말이라 그래도 어느 정도만 공부하면 성적이 잘 나올 줄 알았는데, 기대와는 다르게 어처구니없는 점수를 받을 때가 있지.

게다가 학년이 올라갈수록 점점 어려워진다는 말이 들리기도 해. 사실일까? 미안하지만 사실이야!

국어가 어려운 건 당연해. 그건 국어가 '말과 글' 자체를 다루는 과목이기 때문이야. 우리 속담에 '아 다르고, 어 다르다.' 란 말이 있지? 언어는 자음이나 모음이 하나만 바뀌어도 뜻이 달라지고, 반대로 다른 말인데도 같은 뜻인 경우가 아주 많아. 이런 **미묘한 차이와 숨은 뜻을 알지 못하면 아무리 교과서를 많이 읽고 문제집을 잔뜩 풀어도 헛수고란다!**

게다가 국어에는 언어의 모든 영역이 다 포함되어 있지. 듣기, 말하기, 읽기, 쓰기, 국어 지식, 문학, 이 여섯 가지 영역을 골고루 잘해야 국어를 잘할 수 있단다.

그러니 국어 마인드맵 비법을 알기 전에 국어 공부는 어떻게 해야 하는지부터 하나씩 알아보자!

대화는 국어의 기본, 친구도 많아져!

국어를 잘하면 친구도 많아진단다! 무슨 소리냐고?

우리가 친구를 사귈 때 어떻게 하지? 바로 '대화'를 나누지. **대화는 국어의 기본이 되는 듣기와 말하기로 되어 있어. 이건 국어의 핵심적인 두 영역이야.** 그러니까 평소 친구를 사귀고 사람을 만나는 과정 속에서도 국어 공부를 할 수 있다는 거지.

부모님이나 친구들과 대화를 할 때 어떻게 하니? 먼저 상대방의 말을 들을 때 딴 생각을 하는 편이니, 아니면 그가 무슨 말을 하고 싶어하는지 생각하며 듣는 편이니? 그리고 말을 할 때는 내 마음대로 말하는 편이니, 상대방이 알아듣기 쉽게 말하는 편이니? 아니면 무뚝뚝하게 말하니, 따지듯 말하니? 요즘엔 흥분하면서 욕을 섞어 가며 말을 하는 아이들도 많지.

먼저 **들을 때는 상대방의 말 속에 숨은 뜻이 무엇인지 헤아리며 들어야 해.** 예를 들어 창문이 활짝 열려 있는 상황에서 엄마가 "바람이 차구나." 하고 말씀하신다면 그건 '문 좀 닫아 줘.'라는 뜻이야.

그리고 **말이 끝날 때까지 마음을 열고 긍정적으로 듣는 것도 아주 중요하단다!** 상대방의 말이 지루하거나 내 생각과 달라도 딴청을 피우거나 무시하는 모습을 보인다면 그 사람은 마음의 상처를 받을 거야. 이건 너도 마찬가지지? 누가 너의 말에 귀 기울이지 않는다고 생각해 봐. 아주 기분이 나쁠걸?

이번엔 '말하기'에 대해 생각해 보자. 어떤 마음으로 어떻게 말하면 좋을까? **말을 할 때는 무엇보다 차분한 마음을 유지하는 게 중요해.** 말하는 것이 부끄럽거나 급한 마음이 생기면 가슴이 두근두근하면서 결국 내가 하고 싶은 말을 제대로 전달할 수 없게 되지. 그러면 그와 나 사이에 오해가 생길 수 있어.

또 **상대방 입장에서 말을 하면 대화가 부드러워지고 서로 사이가 좋아진단다.** 예를 들어 친구가 새 옷을 입고 왔으면 뭐라고 하면 좋을까? "옷은 예쁘다."와 "옷이 예쁘다." 중 어떤 말이 좋다고 생각해?

'옷은 예쁘다'는 말에는 너는 안 예쁘다, 너는 옷과 안 어울린다는 뜻이 담겨 있어. 그런데 '옷이 예쁘다'는 말은 말 그대로 옷이 예쁘다는 뜻이니까 친구의 마음을 상하게 할 일이 없지.

'말 한 마디에 천 냥 빚 갚는다.'는 속담이 있지? 말을 어떻게 하느냐에 따라 우리의 인생이 달라질 수 있단다.

이렇게 평소 듣기와 말하기를 잘하면 국어에 대한 감각도 길러지고 친구도 많이 사귈 수 있어. 이것이야말로 일석이조 아니겠니?

독서는 국어의 심화, 사고가 깊어져!

평소 대화를 통해 국어의 기본 능력을 다진다면 이번엔 독서를 통해 국어의 심화 능력을 길러 보자. 그게 뭐냐고? 바로 '**사고력**'이야!

아무리 말을 잘 듣고 잘해도 생각의 발전이 더딘 아이들이 있단다. 그러면 어느 순간 언어 능력도 제자리지. 그래서 사고력 계발에 힘써야 해.

우리의 사고를 발달시켜 주는 최고의 방법은 읽기와 쓰기이고, 이건 평소 책을 읽음으로써 한 번에 해결할 수 있단다.

책을 읽는다는 것은 한 차원 높은 정신의 세계에 들어가는 것과 같아. 어째서 그러냐고? 글쓴이가 책을 쓰기 위해 고민하고 연구한 것들을 만나게 되니까 그렇지.

책을 읽어 글쓴이의 생각을 배우고 익힌 다음, 나의 생각을 발전시키는 거야. 그러고 나서 내 생각을 글로 정리해 보는 거지. 그러면 생각이 이중으로 쑥쑥 커지겠지?

독서는 생각을 발달시키고, 그 생각은 우리의 언어를 풍부하게 해. 그렇다면 이제 국어를 진짜로 잘할 수 있는 바탕이 만들어진 거야.

국어는 모든 공부의 무기!

'국어가 이렇게 복잡하고 어려운 과목이라면 그냥 포기해 버릴까?'

이런 생각이 들지도 몰라. 하지만 절대 이런 마음을 먹어선 안 돼! 왜냐고? **국어는 모든 과목의 뿌리**, 즉 바탕이 되기 때문이야.

농사를 지으려면 농기구가 필요하고, 회사에서 일을 하려면 컴퓨터가 필요해. 전쟁을 치르려면 무기가 있어야 하지. 이처럼 여러 가지 공부를 잘하려면 먼저 국어 능력이 길러져야 한단다. 그래서 국어를 '도구 교과'라고도 하는 거야. 모든 공부의 도구로 쓰이니까 말이야.

국어 공부를 통해 어휘의 뜻을 알고 문장을 이해하며 내용을 파악하는 능력을 기르면 다른 과목 공부가 자연히 쉬워지겠지?

또 국어 시간에 발표하는 법을 익히면 사회 시간에 멋지게 발표할 수 있고, 뜻을 파악하는 훈련을 하다 보면 어려운 수학 개념도 쏙쏙 들어올 거야.

보고 또 보는 국어 공부 원리!

평소에는 대화를 나누거나 책을 읽으면서 국어 공부를 했다면 시험 공부는 당연히 교과서 중심으로 해야겠지?

국어는 숨은 뜻을 아는 것이 가장 중요하다고 했어. 그러니까 **국어 교과서를 읽을 때도 글자만 읽는 것이 아니라 그 안에 담긴 숨은 뜻이 무엇인지 파악하며 읽어야 한단다.** 이게 바로 국어 공부의 핵심이야!

그러면 어떻게 해야 숨은 뜻을 제대로 파악할 수 있을까? 본문 내용을 여러 번 반복해서 읽으면 돼! 자꾸 읽다 보면 처음에는 잘 이해하지 못했던 말들이 이해가 가지. 공부 순서는 다음과 같단다.

① 시작은 언제나 교과서, 꼼꼼하게 두 번 읽어!

국어 교과서를 꼼꼼하게 읽으려면 역시 순서에 맞게 읽어야 해. 다짜고짜 본문 내용을 읽는 건 좋지 않아. 내용이 뒤죽박죽 되어 버릴 테니까.

먼저 **단원 제목**을 읽은 다음 **학습목표**를 확인해야 해. 그 다음 **본문**을 한 번에 쭉 읽으렴. 다 읽었으면 다시 본문을 보는데, 이번엔 **교과서 문제**들을 풀면서 읽는 거야. 그러면 내용 이해가 거의 60% 이상 이루어질 거야.

② 내용 분석은 정확하게, 자습서(전과)를 참고해!

국어는 '아' 다르고, '어' 다르니 내용 분석을 아주 정확하게 해야겠지! 내용 분석은 단순히 줄거리를 아는 것과는 달라. **글의 종류와 주제, 등장인물의 성**

격, 중심 사건, 중심 소재, 배경 등 직접적으로 드러나지 않은 **숨은 의미들을 파악**하는 거야. 이건 혼자 하기는 힘들단다. 그래서 수업 시간에 선생님 말씀을 잘 듣고 메모하고, 자습서(전과)를 참고하렴.

③ 마인드맵으로 보기 좋게 정리, 자주 보고 암기해!

내용 분석이 끝났으면 그걸 **마인드맵으로 정리**해야 해! 이것이 국어 공부에서 가장 중요한 순서란다! 마인드맵은 우리 뇌가 가장 좋아하는 정리법이니까! 앞에서 분석한 내용을 글과 이미지, 기호를 사용하여 한 페이지로 정리해 보렴. 그리고 시시때때로 봐. 그럼 저절로 암기가 될 거야.

④ 문제 풀이로 마무리, 틀린 문제 확인해!

교과서를 읽고 내용을 분석하고 마인드맵으로 정리해서 암기까지 한다면 국어 공부는 끝이야. 그래도 불안하고 방심할 수 없다고? 그러면 진짜 마지막으로 문제를 풀어 보렴. **틀린 문제가 있으면 교과서에서 그 부분을 찾아 확인**하고 마인드맵을 보충해. 그럼 진짜로 국어 공부는 끝!

글의 종류별 특성을 알면 내용이 한눈에!

국어 마인드맵 비법 ❶

국어 교과서를 펼쳐보면 글이 정말 많아. 물론 다른 과목들도 글이 많기는 하지만 국어가 더 특별히 많고 복잡하게 느껴지는 이유는 무엇일까?

그건 각 장마다 글의 종류도 다르고, 같은 주제의 글이 한 편씩 실린 게 아니라 다른 주제의 글이 여러 편 실려 있기 때문이야. 글의 종류도 다르고, 주제도 다르고, 내용도 다르니 어렵고 복잡하게 느껴지는 게 당연하지.

하지만 걱정 마! **국어가 쉬워지는 비법이 있어! 바로 글의 종류별 특성을 아는 거야!** 이를 기준 삼아 글을 분석하면 아무리 새로운 내용의 글이 나와도 기죽지 않고 공부할 수 있단다!

예를 들어 글의 종류가 설명문이라면 설명 대상이 무엇인지, 어떤 방법으로 설명하고 있는지, 설명 내용은 구체적으로 무엇인지, 설명 대상에 대한 글쓴이의 관점은 무엇인지 등을 파악하며 글을 읽는 거지.

국어 교과서에 나오는 글에는 설명문, 논설문, 동화, 시, 편지, 기행문, 전기문, 옛이야기, 광고, 기사문 등이 있어. 이 중에서도 설명문과 논설문, 동화, 시 등은 매우 자주 실린단다.

글의 종류별 특성을 알면 마인드맵도 척척 그릴 수 있어. 각각의 특성을 주가지로 사용하면 되거든. 어떻게 하는지 볼까?

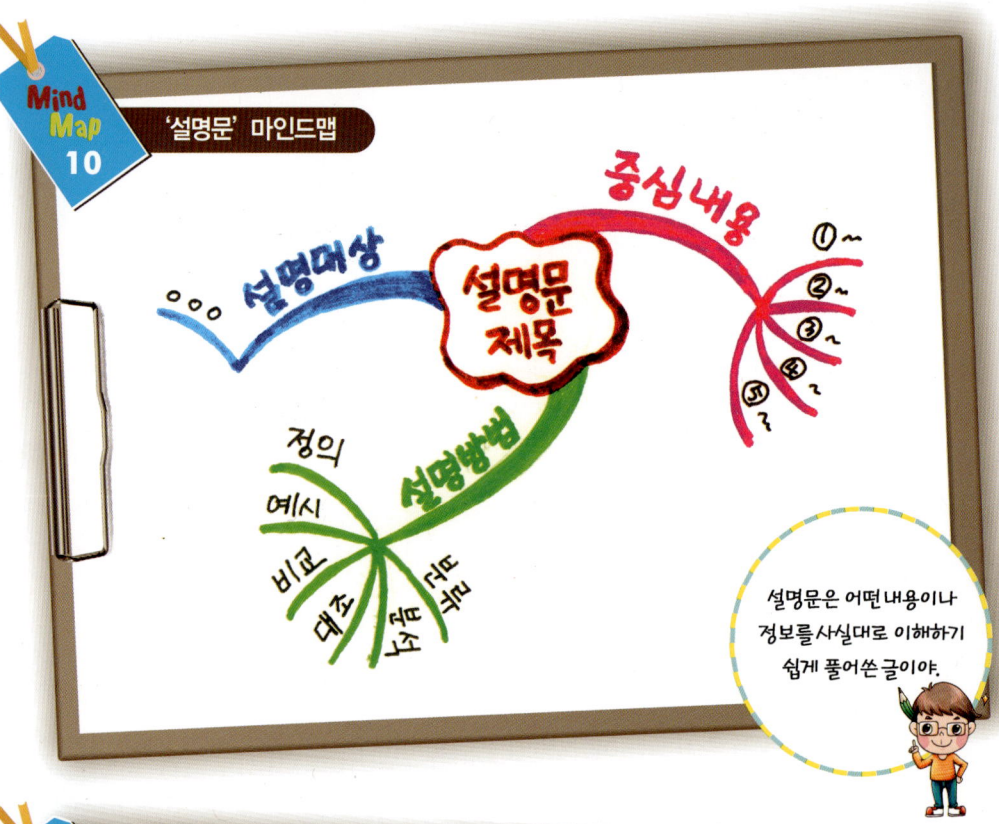

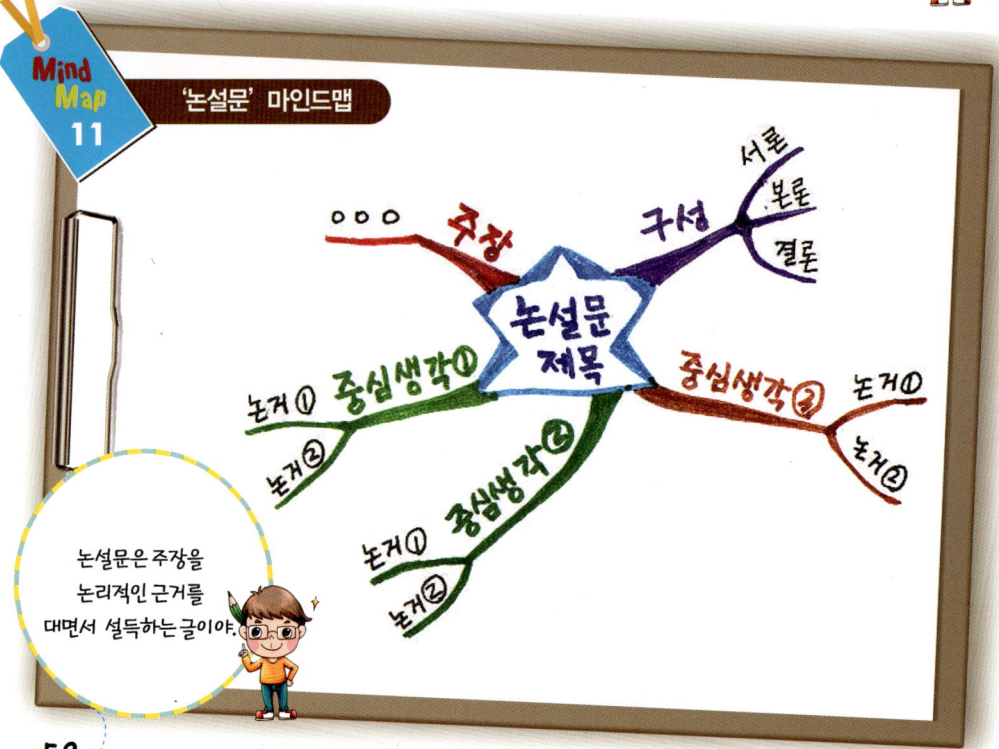

Mind Map 12

'동화 · 옛이야기' 마인드맵

동화는 가상의 인물, 사건, 배경을 토대로 지어낸 이야기야.

Mind Map 13

'시와 기행문' 마인드맵

기행문은 여행한 일을 쓴 글이야.

시는 리듬이 느껴지는 언어로 정서를 표현한 글이야.

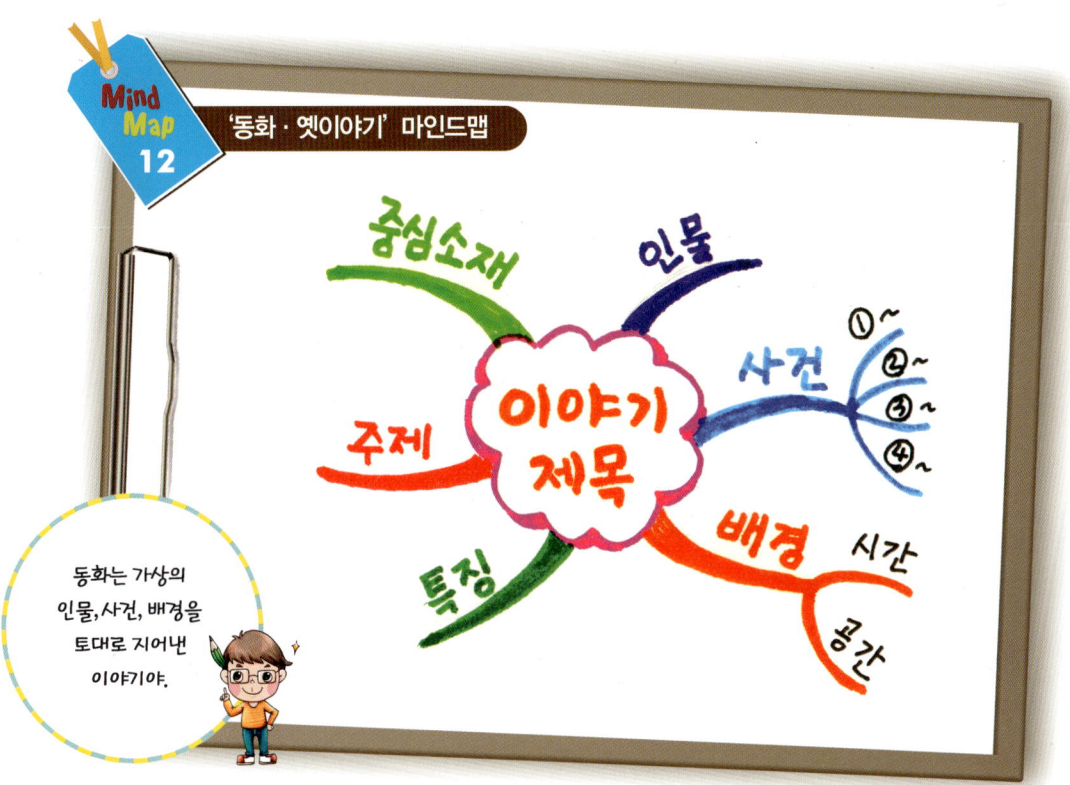

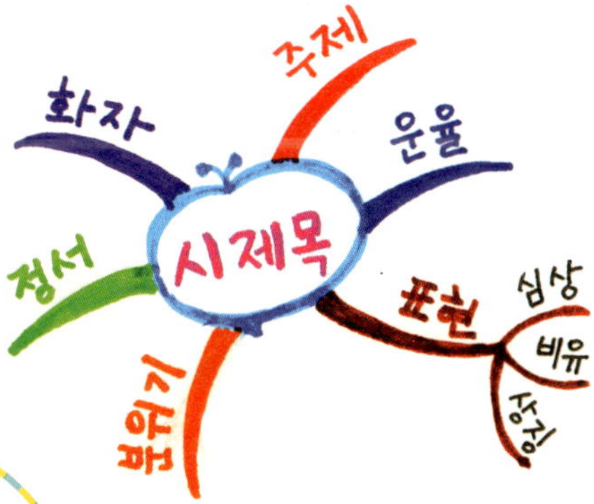

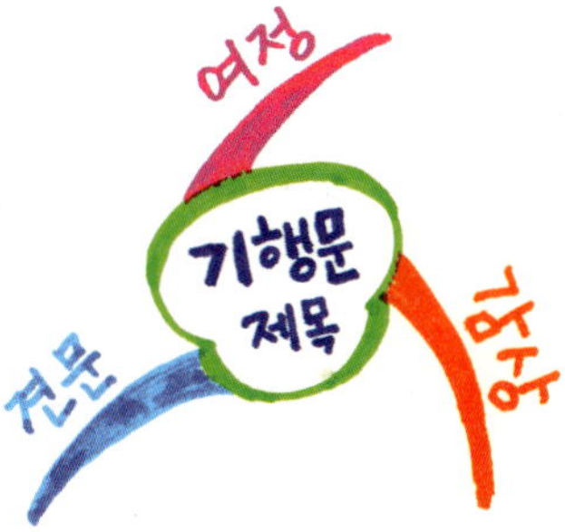

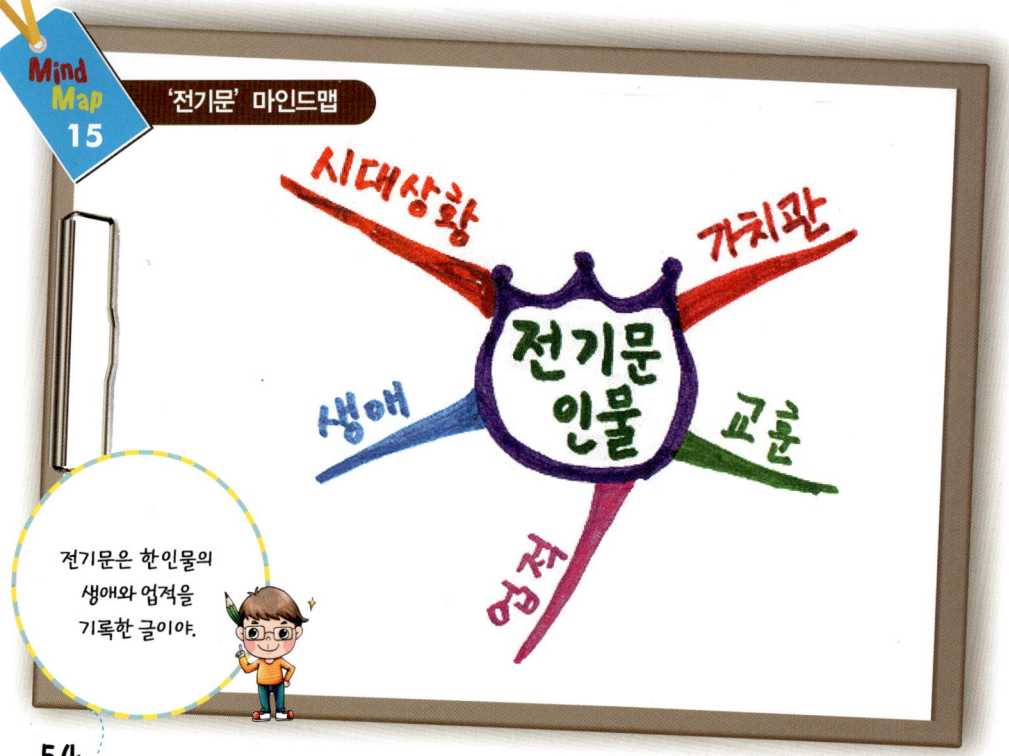

Mind Map 16 '기사문' 마인드맵

기사문은 어떤 사건을 육하원칙에 따라 사실 그대로 쓴 글이야.

Mind Map 17 '광고' 마인드맵

광고는 상품에 대한 여러 가지 정보를 널리 알리는 글이야.

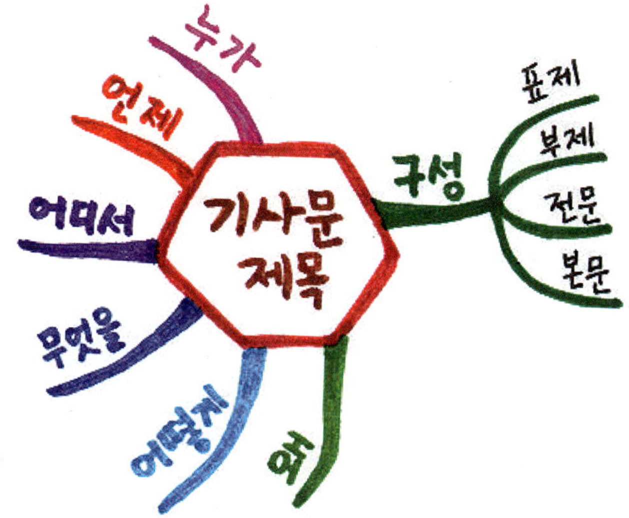

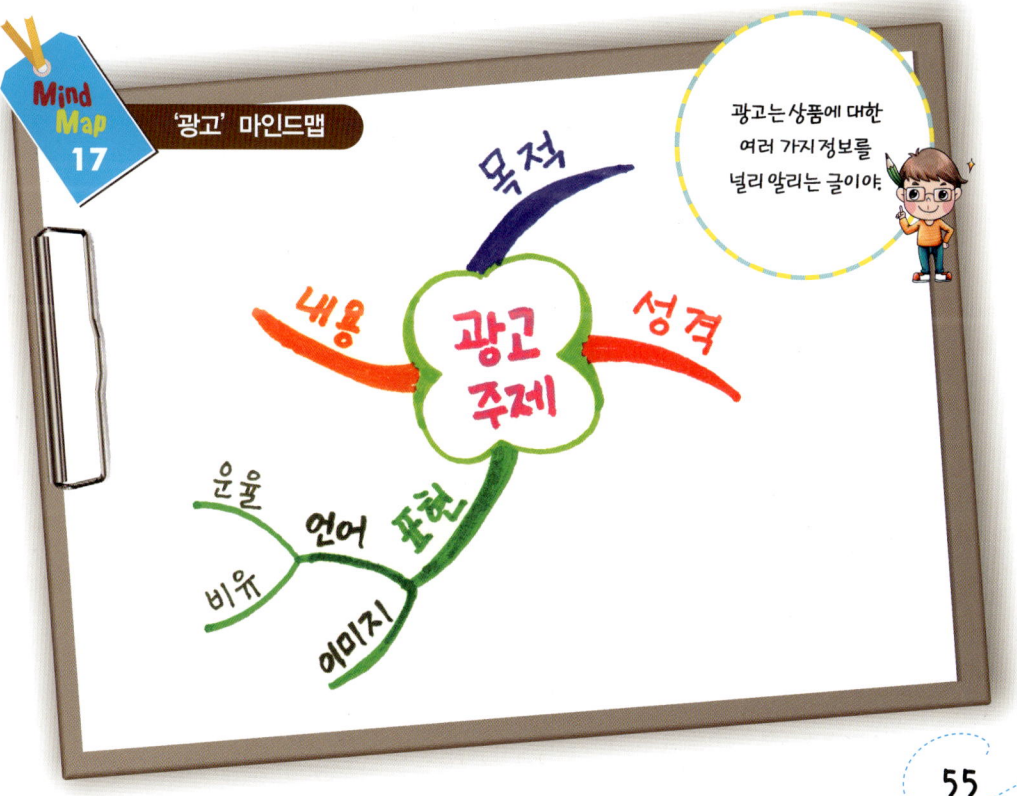

국어 마인드맵 비법 ❷
학습목표에서 키워드를 찾아라!

글의 종류별 특성을 알면 국어가 쉬워진다고 했지?

그런데 글의 종류가 무엇인지 잘 판단이 서지 않으면 어떻게 하지? 걱정 마! 교과서에는 힌트가 다 있으니까! 바로 '학습목표'야!

교과서에 들어 있는 여러 내용 중에서도 학습목표는 단연 가장 중요한 부분이란다. 글의 종류도 알 수 있고, 본문 내용 중에서 어떤 걸 중점적으로 공부해야 하는지도 판단할 수 있으니까.

선생님들, 자습서를 만든 사람들 모두 이 학습목표를 기준으로 중요한 내용들을 뽑아낸다는 걸 잊지 마. 시험 문제를 낼 때도 학습목표가 기준이 된단다.

다음은 '4학년 1학기 1단원 생생한 느낌 그대로'에 나온 학습목표야. 한 번 읽어 볼래?

학습목표 1

시는 반복되는 표현을 살려 읽고, 이야기는 인물의 성격을 살려 읽으면 실감 납니다. 재미있는 시나 이야기를 실감 나게 읽어 봅시다.

위 학습목표에서 키워드는 '반복되는 표현'과 '인물의 성격'이야. 그러니까 교과서 본문을 읽을 때 이 두 가지를 염두에 두고 읽어야 해. 마인드맵으로 정리할 때도 마찬가지야.

그리고 학습목표를 보면 본문에 실린 글이 '시'와 '이야기'라는 걸 알 수 있지? 그럼 시의 특성과 이야기의 특성에 따라 내용을 분석하면 돼.

또 하나의 학습목표를 읽어 볼까?

학습목표 2

> 책을 읽거나 공부를 하다 보면 잘 모르는 내용이 있습니다. 이때, 여러 가지 사전을 활용하면 내용을 더 잘 이해할 수 있습니다. 잘 모르는 내용은 사전을 찾아 가며 글을 읽어 봅시다.

위에서는 '잘 모르는 내용', '사전', '이해' 등이 키워드야. 여기서 '잘 모르는 내용'과 '이해'라는 어휘에서 본문에 실린 글이 설명문이라는 것을 짐작할 수 있어. 그렇다면 설명문의 기본 특성에 따라 글을 분석하고, 어떤 사전들이 이 글을 이해하는 데 도움이 되는지 알아봐야 할 거야.

이렇게 국어 교과서는 학습목표를 통해 무엇을 공부하고 정리해야 하는지 친절하게 알려 준단다.

국어 마인드맵 비법 ❸

학습내용과 학습활동으로 세부가지 풍성하게!

학습목표에서 키워드를 찾은 다음에는 그에 해당하는 내용을 찾으면서 본문을 천천히 읽어나가렴. 본문 왼쪽 오른쪽 여백에 있는 파란 글씨로 된 질문과 학습활동의 질문들로 어떤 내용이 중요한지 알 수 있어. 이 질문들을 부가지, 세부가지 삼아 내용을 이어나가면 마인드맵을 완성할 수 있단다!

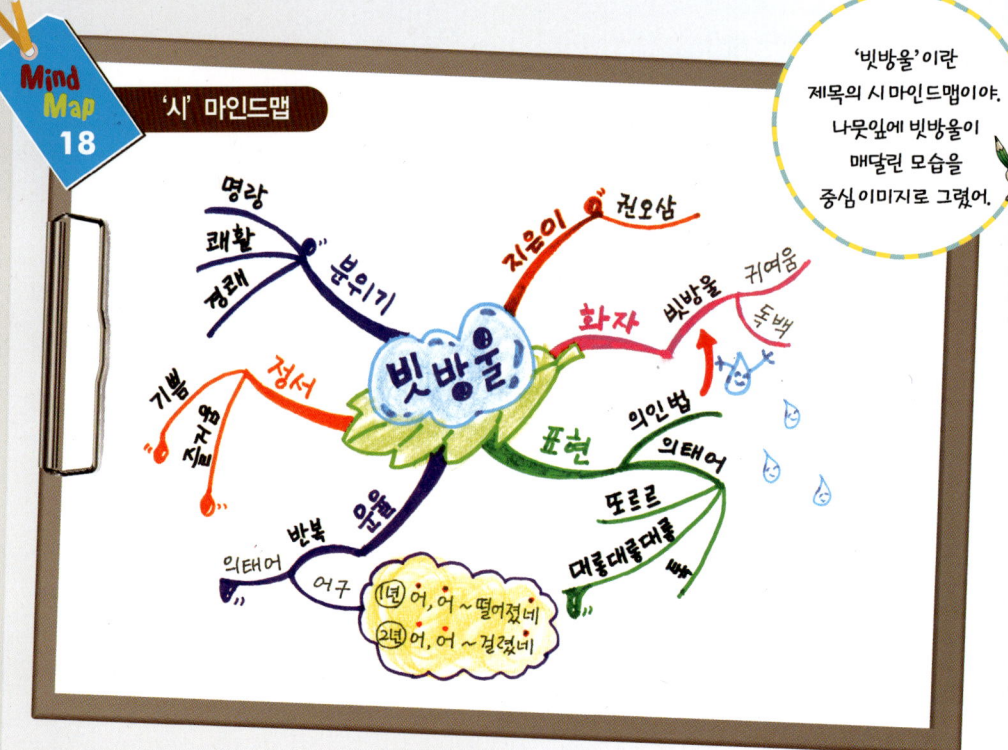

'시' 마인드맵

'빗방울'이란 제목의 시 마인드맵이야. 나뭇잎에 빗방울이 매달린 모습을 중심이미지로 그렸어.

친구들의 국어 마인드맵 엿보기

이제 국어 마인드맵 비법을 실제로 어떻게 적용했는지 볼까? 우리도 도전해 보면 복잡하고 어렵게 느껴지던 국어가 좀 더 즐겁고 신나는 공부가 될 거야!

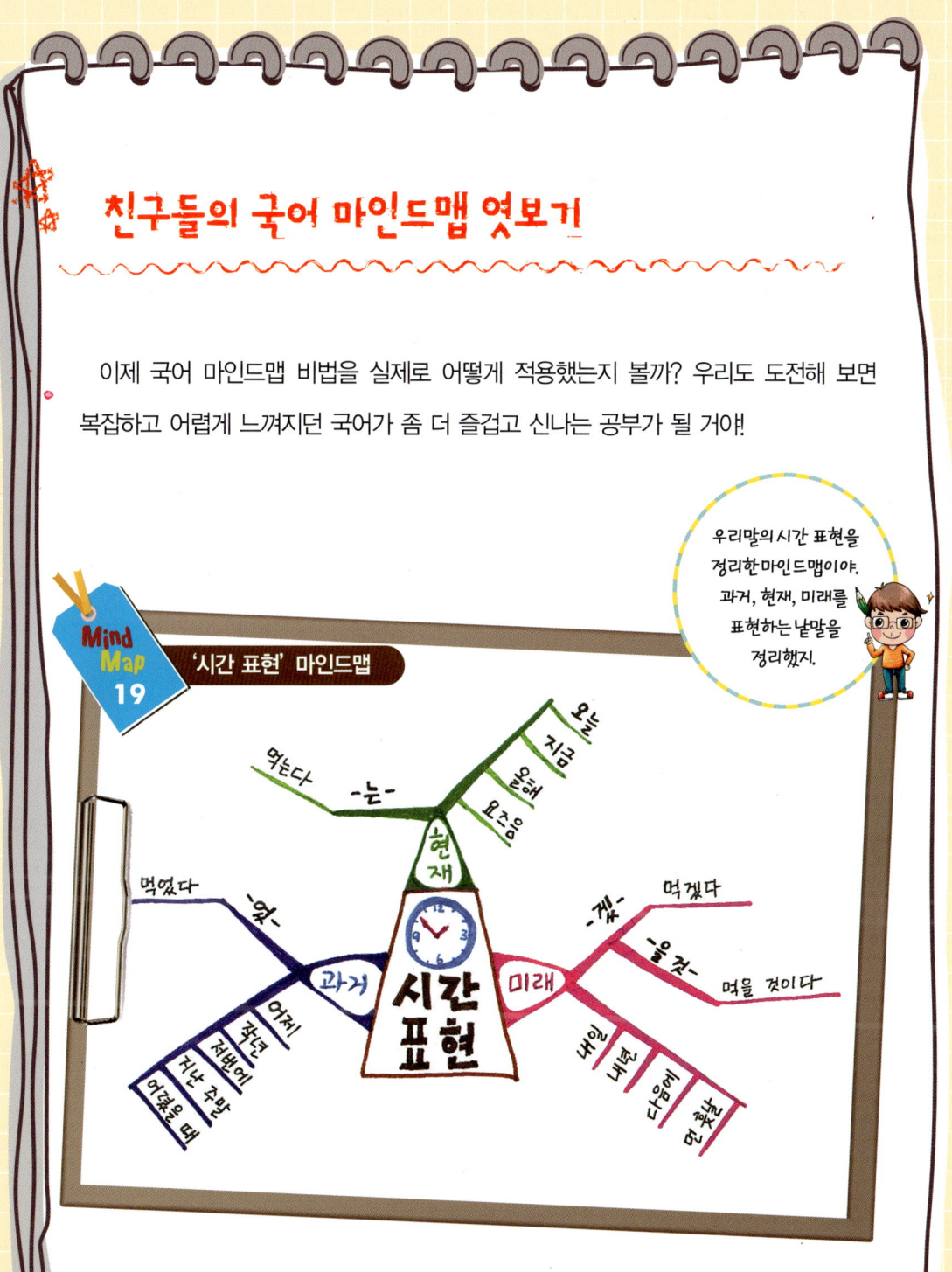

'시간 표현' 마인드맵

우리말의 시간 표현을 정리한 마인드맵이야. 과거, 현재, 미래를 표현하는 낱말을 정리했지.

이제 국어는 문제없어!
글의 종류를 아니까 정말 쉽네.
국어가 풀리면 다른 공부도 술술 풀리겠지~

수학은 생각보다 쉬워!
공부하는 순서, **문제 푸는 순서**만 잘 지키면 잘할 수 있어.
먼저 개념과 원리, 수학 기호를 공부하고,
그 다음엔 수학적 사고력을 발휘하여 문제를 풀면 돼.
개념과 원리를 공부할 땐 교과서 중심으로 하고,
문제를 풀 땐 **과정**을 자세히 적어. 오답 노트까지 작성하면 끝!

4장

머리를 좋게 하는 수학 마인드맵 비법

수학은 순서와 과정을 지키는 것이 중요하다

머리를 좋게 하는 수학마인드맵 비법

수학은 순서와 과정을 지키는 것이 중요하다

난 아무래도 머리가 나쁜 것 같아요.

인정하고 싶지는 않지만 자꾸 떨어지는 수학 성적을 보면

분명 엄마, 아빠의 나쁜 머리 유전자를 받은 게 분명해요.

왜 좋은 유전자는 모두 오빠한테만 간 걸까요? 억울해요.

하지만 난 의지의 한국 여자! 내 사전에 포기란 없어요!

기필코 수학 점수를 올리고 말 거예요!

수학 공부 비법을 꼭 알려 주세요!!

수학은 생각보다 쉬운 과목? 순서만 지켜!

대부분의 아이들이 학년이 올라갈수록 수학에 대한 자신감이 점점 떨어지는 것 같아. 너도 그러니?

"당연하죠! 수학은 정말 어렵고 지겨워요. 아무리 학원을 다니고 문제집을 풀어도 성적이 안 오르는데 어떻게 자신감이 생기겠어요? 정말 짜증나요!"

그렇군. 많은 아이들이 여전히 수학을 어렵고 지겨운 과목이라고 생각하는구나. 하긴 그럴 만도 하지. 학교, 집, 학원 할 것 없이 문제만 잔뜩 풀게 하니까. 수학이 어떤 과목인지 정확히 이해하면 이런 일은 생기지 않을 텐데…….

"수학이 어떤 과목인데요? 머리가 좋은 아이만 잘하는 과목 아니에요?"

바로 그런 생각이 문제야. **수학은 머리로 하는 공부가 아니란다. 수학은 순서에 맞게 생각하기만 하면 누구나 잘할 수 있는 과목이야.**

아직 고개가 갸우뚱거려지지? 수학은 생각을 떠올리는 기술만 익힌다면 의외로 쉽게 공부할 수 있어.

일단 기본 개념과 원리, 몇 가지 기호만 공부하면 그 다음엔 순서에 맞게 수학적 생각을 떠올려 적용하기만 하면 돼.

수학은 생각의 순서다! 잊지 말자!

수학적인 생활이 스토리텔링 수학!

수학은 문제 해결 능력을 기르는 공부야. 그렇다면 교과서나 문제집을 보지 않더라도 평소 생활 속에서 충분히 수학 공부를 할 수 있어. 이것이 스토리텔링 수학이야. 그러면 수학적 사고력이 자연스럽게 길러질 거야. 어떻게 하냐고?

예를 들어 외할머니 댁에 간다고 해 보자. 그럼 먼저 언제 어떻게 가야 하는지 문제를 해결해야 해. 우선 외할머니 댁에 갈 수 있는 여러 가지 방법을 조사한 뒤 각각 얼마만큼의 시간이 걸리는지 알아봐야지. 그리고 비용도 조사해야 해. 그 다음 출발 시간을 알아본 뒤 가장 좋은 방법을 정하면 돼.

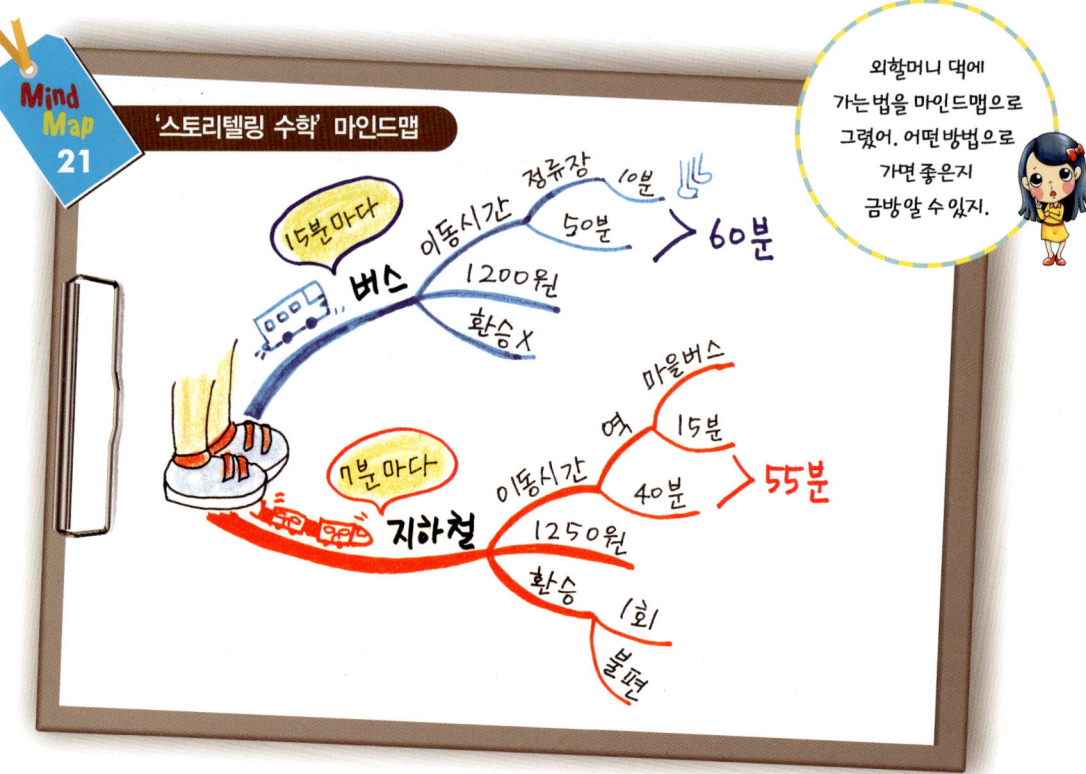

외할머니 댁에 가는 법을 마인드맵으로 그렸어. 어떤 방법으로 가면 좋은지 금방 알 수 있지.

이 외에도 **우리가 부딪히는 수많은 선택의 문제를 수학적인 생각을 통해 해결할 수 있단다.** 케이크를 몇 조각으로 나눠야 공평하게 먹을 수 있는지, 물건을 어느 위치에 두어야 꺼내기 좋은지, 식구들과 삼겹살을 구워 먹을 때 몇 인분을 사야 적당한지 등 정말 다양해. 생활 속에서 수학적인 생각을 맘껏 펼쳐 보렴.

또 가족들과 친구들이랑 수학적인 대화도 나눌 수 있어. 이렇게 말이야.

"다음 주에 독서 퀴즈 있지? 책 읽었니?"

"아직요. 하지만 오늘부터 매일 조금씩 읽으면 돼요."

"어떻게?"

"책이 176페이지니까 하루에 35쪽 정도 읽으면 5일이면 다 읽을 수 있어요."

여기서 수학적인 생각을 하지 않았다면 엄마와 말다툼이 일어났을지도 몰라. 어떻게 할지 몰라 서로 짜증만 내는 거지.

어때? 생활 속에서 수학적으로 생각하고, 수학적으로 말하는 걸 실천해 보지 않을래?

 ## 수학은 열쇠!

국어가 모든 공부의 도구라면, 수학은 뭘까? 수학은 열쇠야. 공부를 푸는 열쇠 말이야. 부모님이나 선생님들이 수학에 집착하는 이유가 다 있어. 수학을 못하기 시작하면 다른 과목들도 덩달아 떨어질 수 있기 때문이야. 어째서 그러냐고? 수학은 열쇠니까! 수학은 바로 문제를 해결하는 능력을 기르는 공부거든.

어떤 과목이든 단원마다 문제가 수두룩하지? 학년이 올라갈수록 이 문제들은 점점 어려워져. 수학은 바로 이걸 어떻게 해결하면 좋은지 적합한 아이디어를 떠올리는 능력을 길러 준단다.

그러니까 수학 성적이 떨어지면 어른들은 노심초사할 수밖에. 그런데 아이들은 이것도 모르고,

"수학 따위는 필요 없어요! 계산만 할 줄 알면 되지 도형이든 분수든 무슨 쓸모가 있어요?"

하고 불만을 터뜨려.

이제 이런 불평은 하지 말자. 수학을 통해 문제 해결 능력을 길러야 다른 공부도 크게 힘들이지 않고 할 수 있어. **게다가 우리 인생의 문제들도 수학적 사고 능력이 길러지면 더 잘 풀 수 있단다.**

수학 만점을 위한 순서대로 공부법!

이제 본격적으로 학교에서 배우는 수학은 어떻게 공부해야 하는지 알아볼까? 성급하게 선행학습을 하려고 하지 말고 지금 배우는 수학 진도에 충실하렴. 완전히 이해할 때까지 연습하고 또 연습해야 해.

수학은 문제 해결 능력을 기르는 게 가장 중요하다고 했지? 그러니까 **수학 공부를 할 때는 언제나 가장 먼저 어떻게 문제를 풀어야 하는지 생각해야 해!**

어떻게 하면 문제 푸는 방법을 알 수 있냐고? 바로 개념과 원리를 이해한 뒤 문제나 이야기에 적용하면 된단다. 이것이 수학 공부의 핵심이야!

① 이야기 속 숨은 **개념, 원리, 공식**을 예습해!

수업을 하기 전에 미리 교과서를 보고 예습을 해야 해. **이야기 속에 숨은** 중심 개념과 원리, 공식을 가벼운 마음으로 살펴보는 거야. 그리고 기본 문제는 간단히 풀어 보렴. 잘 이해가 안 가는 부분은 표시해 두었다가 수업 시간에 열심히 들어서 완전히 이해해야 해. 잘 모르면 선생님한테 질문하면 되겠지? 수학은 내가 뭘 모르는지를 아는 것부터 시작해서 그걸 채워나가며 공부하면 돼. 지나친 선행보다 이렇게 간단한 예습이 더 큰 효과가 있단다. 수학은 예습부터 시작한다는 사실, 잊지 마!

② **마인드맵**으로 개념, 원리, 공식을 정리하고 암기해!

학교 수업을 통해 개념, 원리, 공식을 완전하게 이해했다면 이제 암기해야 해. 마인드맵으로 정리하면 쏙쏙 외워질 거야. 정리는 교과서 공부가 끝난 다음에 하는 것이 좋아. 교과서를 공부하는 것 자체가 개념과 원리, 공식을 완전히 이해하는 과정이거든. 교과서 문제를 푸는 것도 말이야. 그러니까 각 단원 교과서 공부가 끝나면 마인드맵으로 개념, 원리, 공식을 정리하자! 기호를 사용하는 거 잊지 말고!

③ 정답보다는 과정, 다양한 문제를 풀면서 응용력을 길러!

이제 문제집을 풀 차례야. 수학은 교과서에 나온 문제만으로는 실력을 올리기 어려워. 다양한 문제를 어느 정도는 반복해서 풀어볼 필요가 있지. 아무리 개념과 원리를 이해하고 암기했다고 하더라도 실제 문제에 적용이 안 되는 경우가 많거든. 이때 중요한 건 어떤 문제든지 **수학 연습장을 따로 준비해 거기에 풀이과정을 쓰면서 풀어야 한다는 거야!**

④ 오답노트를 작성해!

모든 공부에서 틀린 문제를 확인하는 건 정말 중요한데, 수학은 진짜로 정말 더 중요해! 수학은 오답을 확인하고 다시 푸는 과정에서 실력이 쑥 자라거든. 그 문제에 적용되는 개념과 원리, 공식도 함께 적어 두렴.

개념과 원리, 공식을 한눈에!

수학 마인드맵 비법 ①

수학 개념과 원리, 공식에 대해 좀 더 알아보자. 그리고 이것이 어떻게 마인드맵으로 정리되는지도 볼 거야. 직접 얘기하면 이해하기 힘드니까 예를 들어 말해 볼게.

예를 들어 삼각형에 대해 배운다고 해 보자. 먼저 **삼각형의 개념**, 즉 정의를 알아야 해. 삼각형은 세 변으로 둘러싸인 도형이야. 그래서 삼각형이 되려면 제일 긴 변의 길이가 나머지 두 변의 길이를 더한 것보다 작아야 해. 그래야 반드시 세 각이 생기거든.

삼각형은 **변의 길이가 어떠냐에 따라** 이등변삼각형과 정삼각형으로 나눌 수 있어. 이등변삼각형은 두 변의 길이가 같은 삼각형이고, 정삼각형은 세 변의 길이가 같은 삼각형이야. 이 때문에 이등변삼각형은 두 밑각의 크기가 같고, 정삼각형은 세 각의 크기가 모두 같아.

각의 크기에 따라서도 삼각형을 나눌 수 있어. 세 각이 모두 예각(0°보다는 크고 90°보다는 작은 각)이면 예각삼각형, 한 각이 둔각(90°보다는 크고 180°보다는 작은 각)이면, 둔각삼각형, 한 각이 직각(90°인 각)이면 직각삼각형이야.

이를 마인드맵으로 나타내 볼까?

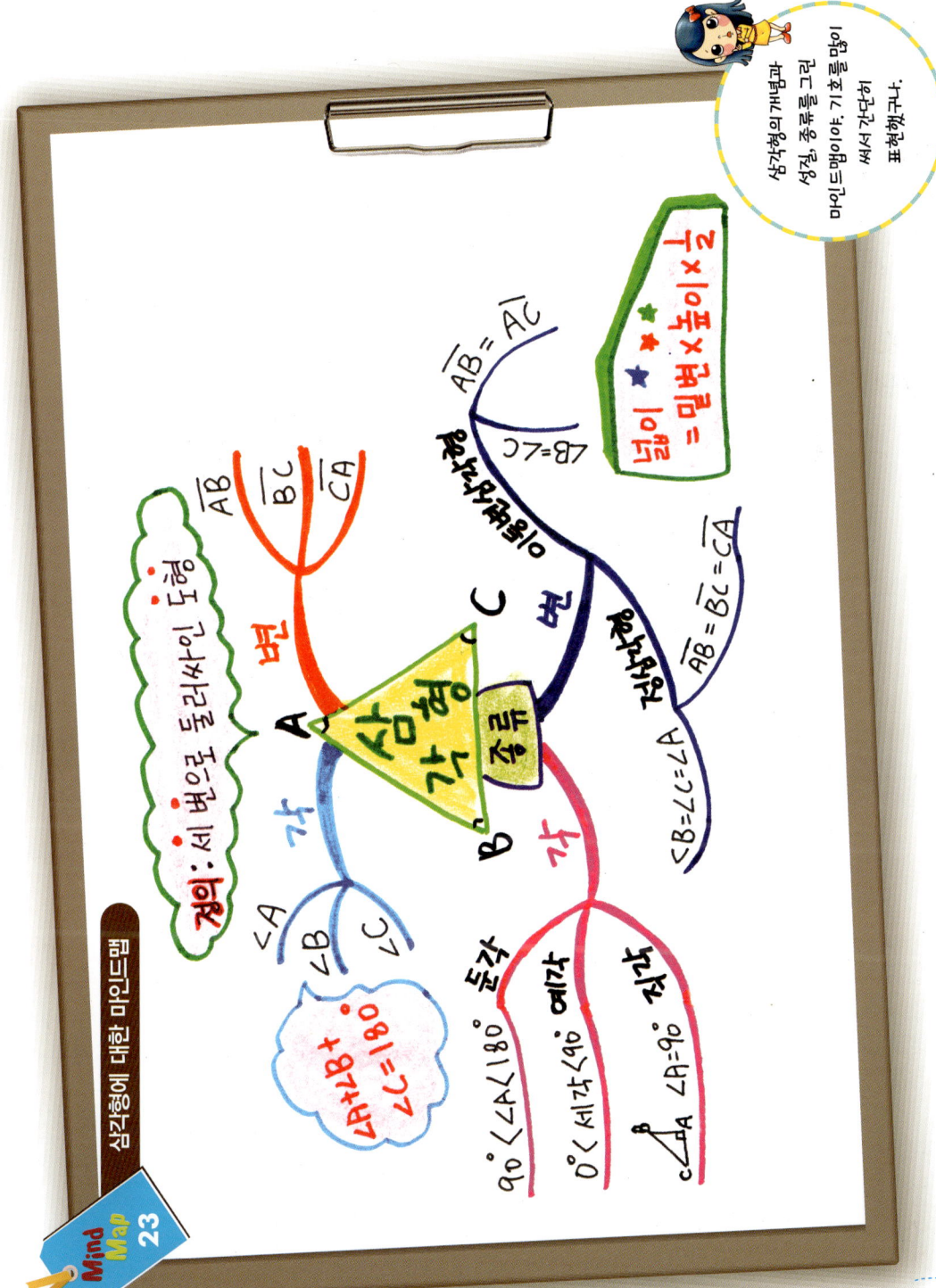

수학 마인드맵 비법 ❷

유형별 대표 문제는 철저하게 분석!

수학 개념과 원리를 이해하고 암기했으면 이를 적용하여 문제를 푸는 훈련을 해야 해. 이 과정을 통해 유형을 익힐 수 있지. 대표적인 유형을 정리해 두면 공부가 훨씬 수월해진단다.

문제를 풀 때는 어떻게 해야 할까? 정답을 찾으려는 목적보다 개념과 원리를 잘 이해하고 있는지를 파악하는 데 좀 더 중점을 두어야 해.

먼저 문제를 꼼꼼하게 읽어. 문제에 나온 말이나 숫자 중에는 쓸모없는 게 하나도 없어. 어떤 말이나 숫자가 문제를 푸는 열쇠인지 차분하게 읽고 분석하렴. **문제가 요구하는 것이 무엇인지 핵심을 파악해야 해.** 그 다음 문장제 문제라면 수와 기호 등을 이용하여 문제를 수학적으로 다시 정리해. 이렇게 식으로 나타내 보면 어떤 개념과 원리를 적용해서 풀어야 하는지 알 수 있어.

만약 적용할 공식이 있다면 그걸 이용해 계산을 하면 되겠지? 연습장에다 풀면서 풀이 과정을 자세히 쓰도록 해.

참, **문제의 수준은 기본부터 시작해서 응용, 심화, 경시대회 문제로 난이도를 차근차근 높여 나가면 좋아.** 먼저 자기 수준에 맞는 기본적인 문제를 풀면서 자신감도 기르고 수학에 대한 흥미도 느껴 보렴. 그 다음엔 응용문제와 심화문제를 차근차근 풀면서 진짜 실력을 길러 보렴.

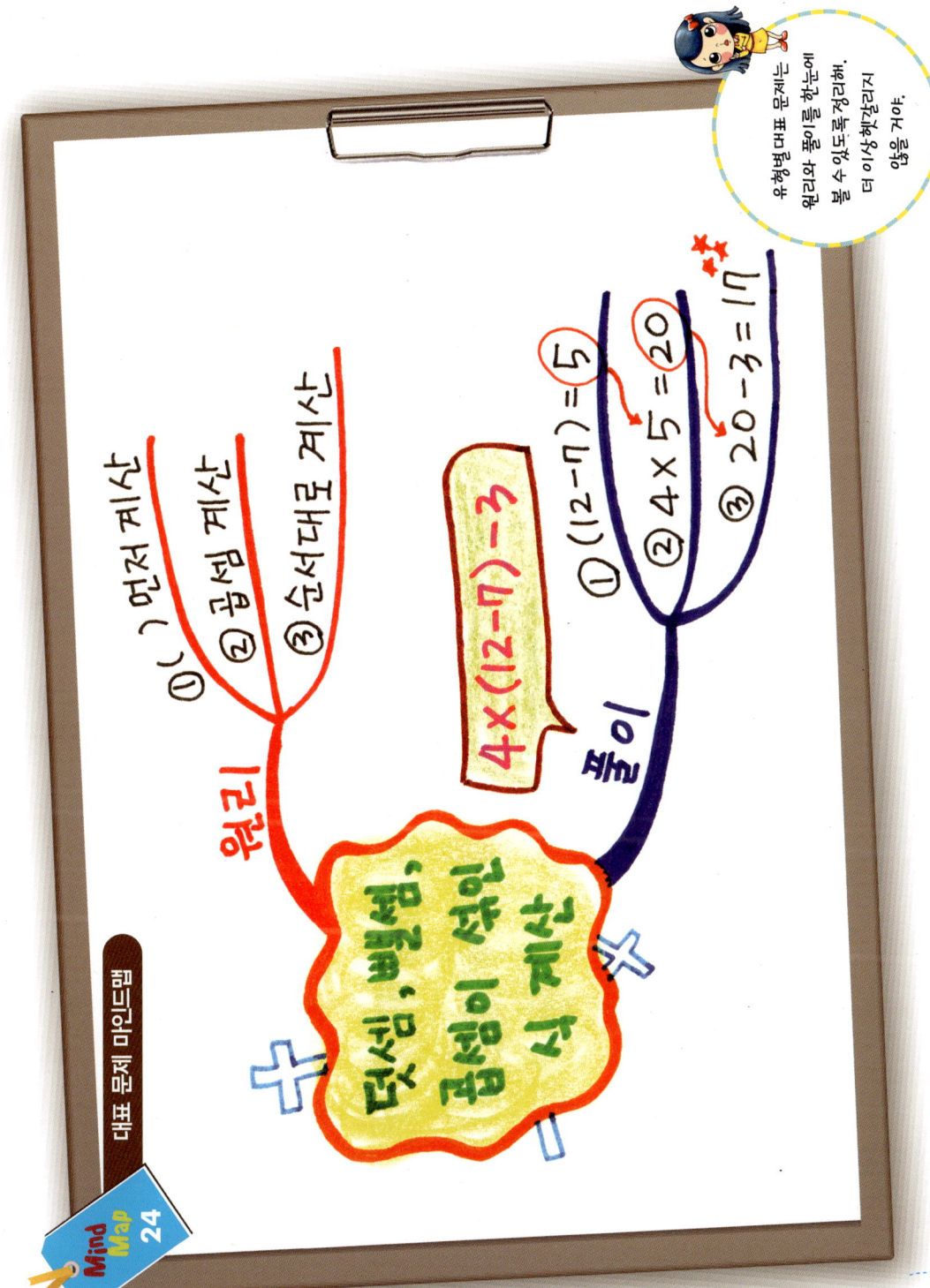

수학 마인드맵 비법 ③

원리와 풀이를 모두 담은 오답 마인드맵!

수학은 틀릴수록 실력이 더욱 올라간다고 했지? 틀린 문제는 아직 잘 모르는 것을 확실하게 알게 해 주는 아주 좋은 기회야. **틀린 문제는 반드시 오답 노트에 원리와 풀이과정을 정확히 적어 두어야 한단다.** 그리고 맞은 문제 중에서도 찍어서 맞았거나 확신 없이 풀었는데 우연히 맞은 경우는 모두 다시 풀고 정리해 두도록 해. 안 그러면 문제집을 풀 때는 맞았지만 실제 시험에서는 조금만 바뀌어도 못 풀 수 있어. 왜냐하면 완전히 이해한 게 아니니까.

문제집을 푼 다음 채점을 한 후 틀린 문제와 애매한 문제를 다시 풀어 보는데, 이때 처음에 풀 때 연습장에 썼던 풀이과정을 확인하는 것부터 시작해. 그러면 무엇을 잘못했는지 알 수 있어. 단순히 계산 실수일 수도 있고, 개념이나 원리를 찾아내지 못해 아예 풀지 못한 것일 수도 있고, 공식을 암기하지 못해 틀렸을 수도 있지.

그런 다음 다시 한 번 정확하게 풀어 보면 돼. 만약 아무리 생각해도 어떻게 해야 할지 모르겠다면 답안의 풀이과정을 찬찬히 본 다음, 답안을 덮고 스스로 풀어 봐야 해. 그래야 완전히 알 수 있어. 마지막으로 할 건 오답 노트에 정리하는 것! 어떻게 하는지 옆 페이지를 볼까?

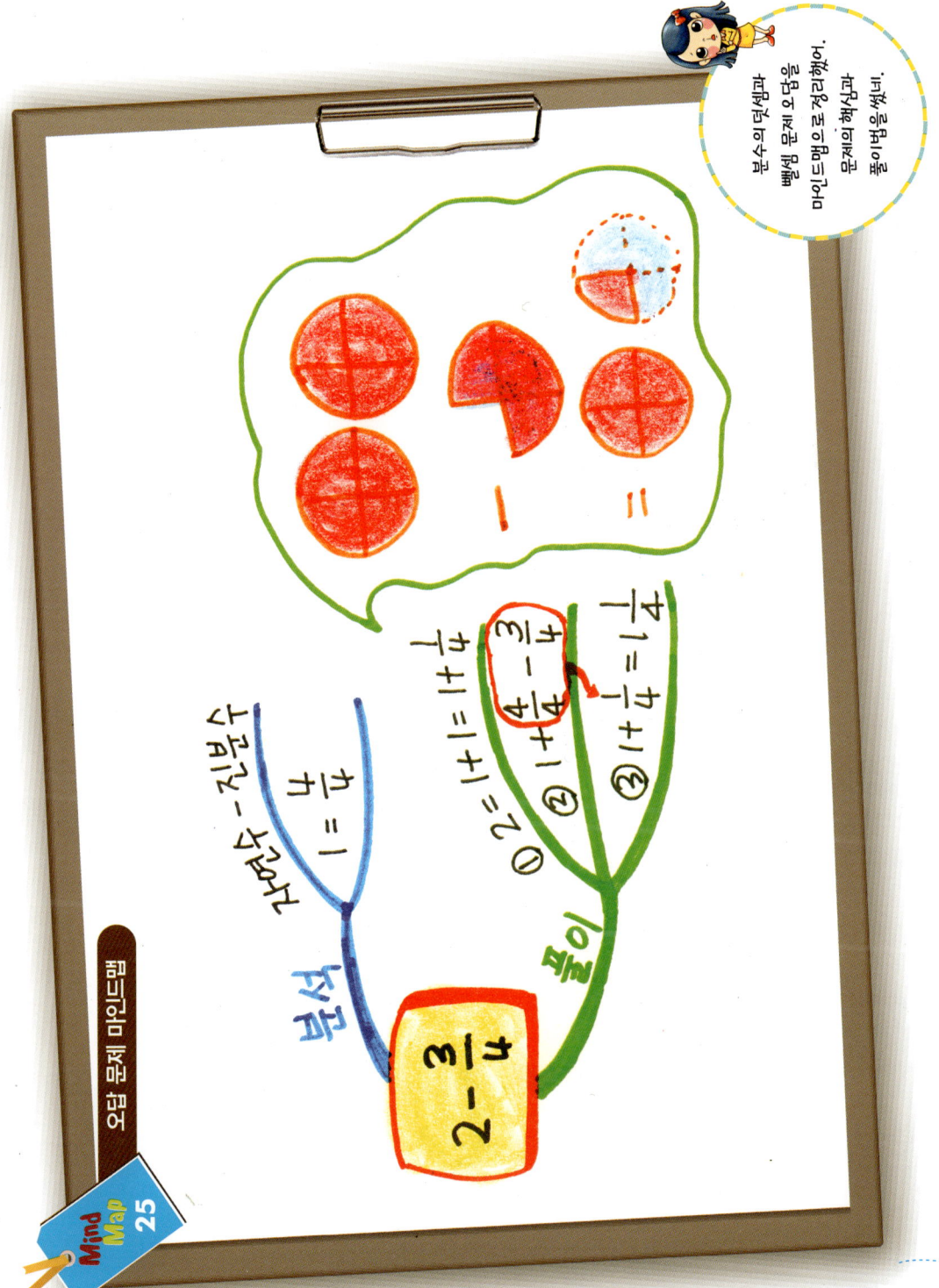

친구들의 수학 마인드맵 엿보기

친구들의 개성 넘치는 수학 마인드맵이야. 어떤 내용을 어떤모양으로 표현했는지 살펴보자.

Mind Map 26 원에 관한 마인드맵

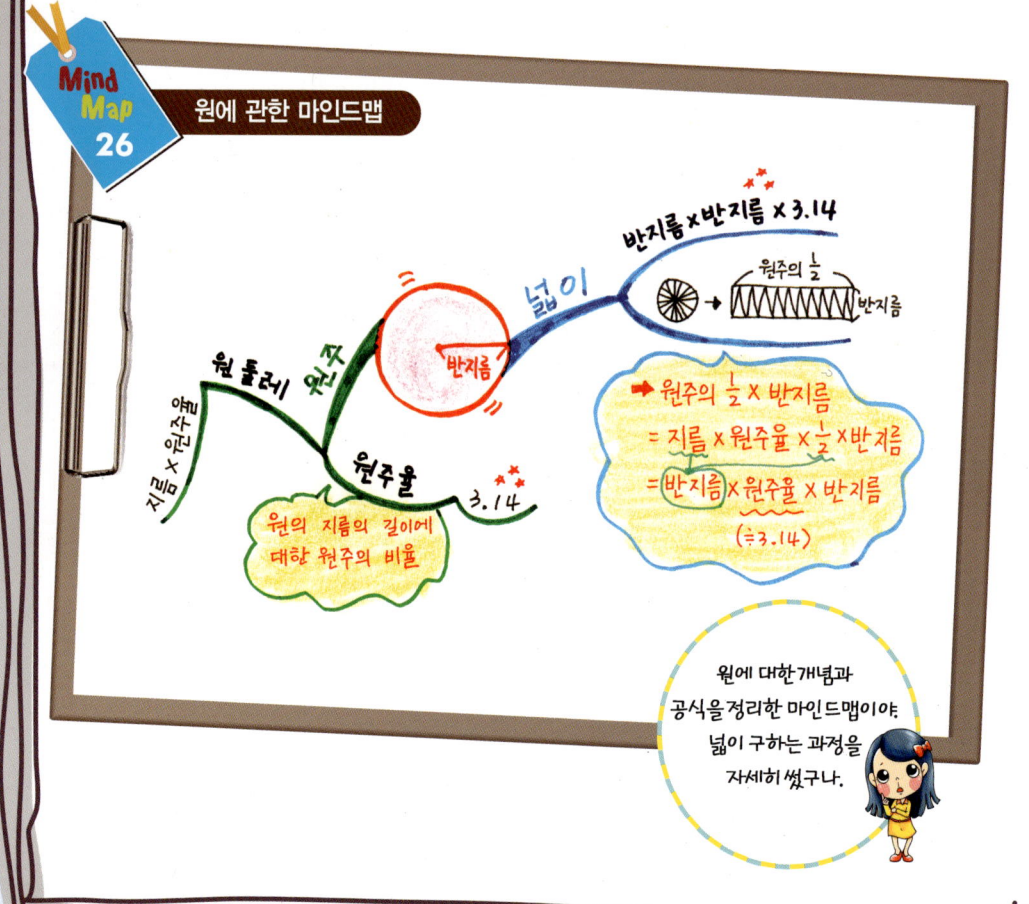

원에 대한 개념과 공식을 정리한 마인드맵이야. 넓이 구하는 과정을 자세히 썼구나.

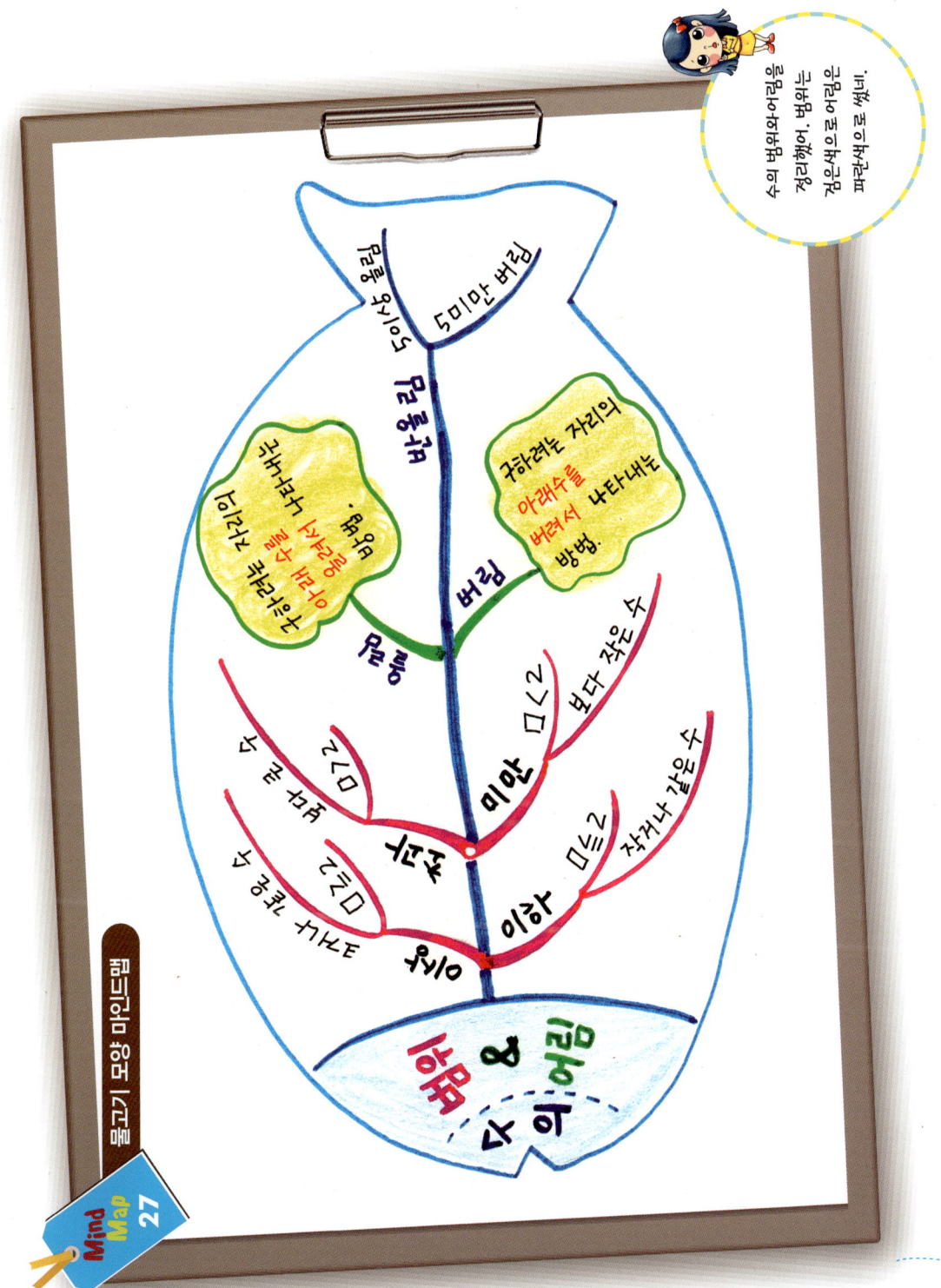

후훗! 수학은 머리로 하는 게 아니라고!
좋아, 순서 지키기는 내가 자신 있지!

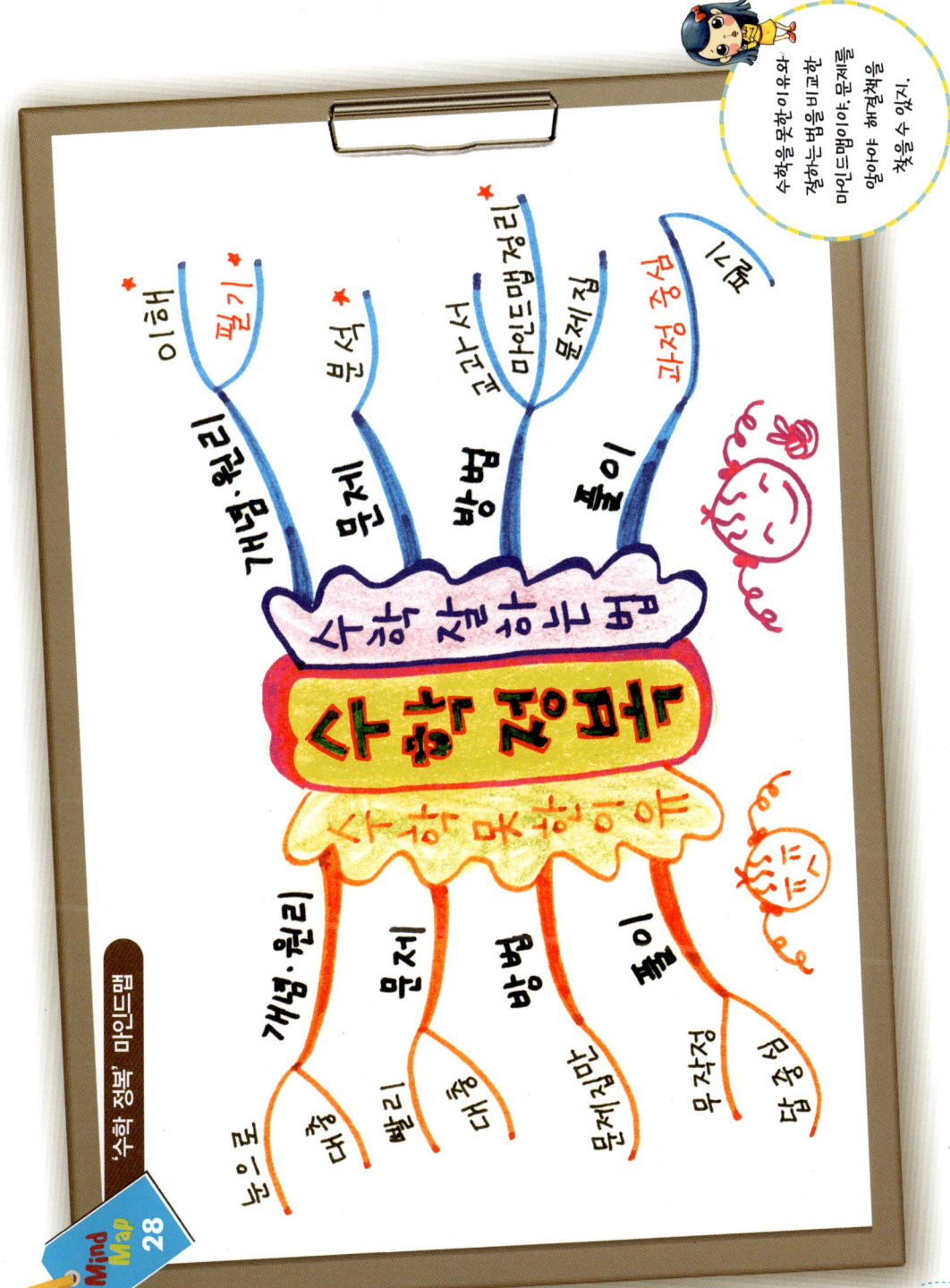

사회는 **배경지식**이 제일 중요해!
신문도 많이 읽고, 체험도 많이 하고, 지도도 많이 보면 잘할 수 있어.
참, 우리 역사도 미리미리 알아두어야 해. 역사 만화도 보고 위인전도 읽어.
사회 교과서를 읽을 땐 아주 꼼꼼하게 봐야 해. 제목, 학습목표, 내용, 그래프와 지도, 사진, 학습문제를 차례로 보는 거야.
사회 내용을 마인드맵으로 정리하면 쉽게 암기할 수 있어.

5장

세상을 보는 눈, 사회 마인드맵 비법

사회는 배경지식을 넓혀야 재미있다

세상을 보는 눈, 사회 마인드맵 비법

사회는 배경지식을 넓혀야 재미있다

사회는 왜 이렇게 외울 게 많은 거예요?

수학이나 국어보다 더 힘들어요. 그렇지 않아도 외우는 걸 젤 싫어하는데

내용이 많으니까 짜증이 나요. 말도 어렵고 복잡하고,

지도도 봐야 하고 도표도 알아야 하니까 공부할 때마다 부담이 돼요.

사회 공부를 좀 쉽게 할 수 있는 방법이 없을까요?

포기하기에는 그 동안 공부한 게 아까워요!

사회는 지겨워? 즐기면서 끈기 있게!

'사회' 하면 어떤 말이 가장 먼저 떠오르니? 아마 '암기'일 거야. 사회는 학년이 올라갈수록 외울 게 정말 많아지지. 그래서 사회 공부를 할 때면 종종 귀찮고 짜증이 날지 몰라.

"맞아요! 그래서 정말 하고 싶지 않아요!"

알아. 하지만 그렇다고 포기하거나 대충 하면 안 돼! 사회 공부를 하면 좋은 점이 많거든. 이제 사회 공부에도 끈기 있게 도전해 보자!

사회 공부의 좋은 점

1. 상식이 풍부해진다.
2. 암기력이 좋아진다.
3. 우리 사회의 여러 모습을 잘 이해할 수 있다.
4. 우리 마을과 나라를 사랑하는 마음을 기를 수 있다.
5. 다른 지역, 다른 나라의 문화를 존중하는 열린 마음이 생긴다.
6. 어른이 되어 사회생활을 현명하게 할 수 있다.
7. 민주 시민의 자질과 세계 시민의 자질을 동시에 기를 수 있다.

사회는 배경지식이 제일 중요해!

사회는 학년이 올라갈수록 외울 게 점점 많아진다고 했지? 그래서 교과 공부를 하기 전에 미리 '배경지식'을 쌓아야 한단다.

배경지식이 뭐냐고? 말 그대로 무언가를 이해하는 데 도움이 되는 지식, 그와 관련하여 미리 알고 있는 지식을 말하지. 예를 들어 '선거'에 대해 배운다고 해 보자. 그럼 예전에 TV나 신문에서 보았던 국회의원 선거나 대통령 선거에 대한 내용들이 배경지식이 돼. 또 '비밀 투표', '선거관리위원회' 등 미리 알아둔 선거 관련 용어들도 배경지식이야.

이처럼 책, 신문, 백과사전, 체험 등으로 사회와 관련된 여러 배경지식을 쌓아 두면 사회 공부가 쉬워진단다. 수업 시간에 집중도 더 잘 되고 말이야.

사회에서 배우는 내용은 **'가족 → 고장 → 지방 자치와 지역 경제 → 우리 역사 → 우리 사회 → 지구촌'** 으로 점점 확대된단다. 그러니까 배경지식도 이 순으로 쌓아 나가면 될 거야.

그럼 어떻게 하면 배경지식을 얻을 수 있을까? 자세한 내용은 다음 쪽에서 확인해 보자!

발로 하는 사회 공부가 먼저!

'백문(百聞)이 불여일견(不如一見)'이라는 말이 있어. 백 번 듣는 것보다 한 번 보는 것이 낫다는 뜻이야. 이 말처럼 직접 보고 겪어 생생하게 얻은 지식은 더 확실하고 기억에도 오래 남는단다.

만약 산골 체험 같은 걸 한 적이 있다면, 산지촌을 배울 때 그 경험이 생생히 떠오르면서 지형이나 사람들의 생활 모습이 더 쉽게 이해될 거야.

박물관에 가서 옛날 생활 도구나 여러 문화재를 직접 보는 건 어떨까? 빗살무늬토기를 직접 본다면, 신석기 시대에 음식물을 토기에 저장했다는 말이 무슨 뜻인지 이해할 수 있을 거야. 빗살무늬토기는 우리가 지금 사용하는 그릇보다 훨씬 커서 많은 음식을 저장할 수 있거든.

이처럼 여러 고장의 유명한 장소나 건물, 박물관, 유적지 등을 직접 찾아가 보고 배우고 조사하면 생생한 사회 배경지식을 기를 수 있단다.

살아 있는 사회 교과서, 신문 읽기

사회에서 다루는 영역은 매우 넓어. 정치, 경제, 지역, 문화, 세계, 지리, 역사, 법 등 인간의 삶과 직접 관련되어 있는 건 다 다루지.

그래서 사회 공부가 점점 벅차게 느껴지는 거야. 하지만 이제 걱정 마. 이 모든 영역을 다 아울러 날마다 생생한 사회 정보를 전달해 주는 게 있으니까. 바로 신문이야!

신문은 살아 있는 사회 교과서란다. 신문을 읽으면 사회의 여러 영역에서 일어나는 일들을 매일 접할 수 있어. 교과서의 지식은 딱딱하고 지루한데 신문의 정보는 생생하고 흥미롭단다.

예를 들어 '선거'와 관련하여 교과서에는 투표의 원칙이나 선거를 하는 이유, 선거 절차 등 보편적인 지식이 실려 있어. 반면 신문에는 지금 진행되는 선거에 대해 나오지. 후보, 정책, 지지율, 선거일, 투표 장소, 투표율 등이 모두 지금 이 순간 현실의 일들이라 자연스럽게 관심을 갖게 돼.

고학년 때부터는 어린이 신문 말고 어른들이 보는 신문 읽기에 도전해 보자. 공부하듯 너무 꼼꼼히 읽을 필요는 없어. 큰 제목만 보거나 관심 있는 기사 중심으로 읽어도 돼. 그 다음엔 정치나 경제, 사회, 국제 등 한 분야를 정해 관련 기사를 꾸준히 읽자. 그럼 사회 공부가 하나도 벅차지 않을 거야.

지도책, 지리책은 필수!

아이들에게 언제부터 사회를 싫어하게 되었냐고 물어본 적이 있어. 언제라고 대답했을까? 대부분 4학년 때라고 했어.

그 이유를 들어보니, 4학년 때 지리를 배우게 되면서 사회가 어렵고 복잡하게 느껴졌대. 축척, 지형도, 여러 모양의 지도 등이 나오는데 복잡한 선과 기호로만 되어 있으니까 뭐가 뭔지 모르겠나 봐.

그래서 평소 지도책과 지리책을 가까이 두고 봐야 한단다. 지도는 알고 보면 쉬운데 그걸 볼 수 있는 '눈'을 갖지 못하면 전혀 감을 잡을 수 없어.

그림책으로 된 지도책을 먼저 보고 우리나라 땅이 어떻게 생겼는지 어떤 특징이 있는지 보렴. 우리나라는 동쪽이 높고 서쪽은 낮을 거야. 그리고 행정구역도 살펴봐야 해. 각 지역의 이름과 특성, 자랑거리 등을 알아보는 거지.

그 다음 지도를 이해하는 데 길잡이가 되어 주는 지리책을 봐야 해. 그럼 축척의 의미, 실제 거리와 지도상의 거리의 차이점, 기호의 뜻, 다양한 지도의 쓰임 등을 알 수 있어서 지리에 더욱 가까워질 거야.

마지막으로 세계 지도도 보고, 학교에서 나눠 준 사회과탐구 등도 종종 들춰 보렴.

한국사에고 세계사 넘기!

　5학년에 올라가면 1년 내내 우리 역사를 배운다는 사실, 알고 있지? 역사 공부는 이것으로 끝나는 것이 아니라 중학교, 고등학교에 올라가서도 계속 된단다.

　그러니까 흥미를 잃지 말고 꾸준히 배경지식을 기르면서 중요한 내용은 하나씩 외워 두어야 해. 예를 들어 시대 순서와 각 시대를 대표하는 인물과 사건 정도는 알고 있으면 좋지.

　역사가 부담스럽게 느껴지면 역사 만화책부터 읽어 보자. 일단 내용이 재미있으니까 역사에 대한 흥미와 기초 지식이 조금은 생길 거야.

　만화책으로 어느 정도 역사 지식이 쌓였다고 생각되면 줄글로 된 역사책에 도전해 보렴. 이때 사진이 많이 실린 책을 읽도록 해. 그럼 역사적 사건을 더욱 생생히 이해할 수 있을 테니까.

　역사책은 반복해서 자주 읽는 것이 좋단다. 한 번에 외우려고 하지 말고 조금씩 읽다 보면 언젠가 외워질 거라고 생각하렴. 그리고 동화책처럼 한꺼번에 많은 양을 읽으려고 하지 말고 쪽수를 나눠 적은 분량을 천천히 생각하면서 읽어야 해.

　이렇게 해서 4, 5학년 때 한국사를 다 떼면 초등학교 졸업하기 전에 세계사에도 도전해 봐. 졸업할 때쯤 역사 박사가 되어 있을 거야!

지도·지리책, 역사책 추천!

우리나라 지도 그림책 (민병준 지음/ 진선아이 펴냄)
우리나라 각 지역의 자연환경과 인문환경이 골고루 소개되어 있는 책이야.

종이 한 장의 마법 지도 (류재명 지음/ 길벗어린이 펴냄)
지도의 특징, 만드는 법, 보는 법, 역사, 종류 등 지도의 이모저모를 쉽게 풀어 쓴 책이야.

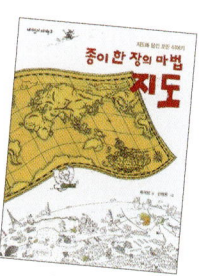

삼국사기 (김부식 지음/ 고정아 옮김/ 청솔 펴냄)
고구려, 백제, 신라의 역사를 담은 책이야. 고려 중기의 문신, 김부식이 썼단다.

사회 공부가 즐거워지는 문화재 지도 (정상우 지음/ 소울키즈 펴냄)
문화재를 알면 역사 지식이 쏙쏙 생길 거야. 방방곡곡 어떤 문화재가 있는지 한눈에 알 수 있어.

한국사 편지 1~5 (박은봉 지음/ 책과함께어린이 펴냄)
우리나라의 전 역사가 실려 있는 책이야. 석기 시대부터 현대에 이르기까지 다양한 유물이 풍부하게 실려 있어 이해가 쉽단다.

사회 시험공부는 교과서 읽기부터!

사회는 교과서 공부가 정말 중요해. 교과서를 찬찬히 읽고 중요 내용을 암기하면 사회 공부는 거의 끝난 거나 다름없어. 사회 교과서를 읽을 때 다음의 순서를 지키렴!

① 범위와 제목을 확인해!

시험 범위도 모른 채 시험을 보는 아이들이 종종 있어. 엉뚱한 내용을 공부했다가 시험지를 받고는 당황하지. 이런 어리석은 일을 겪지 않으려면 반드시 범위를 확인해야 해! 그리고 **범위 안에 들어 있는 대단원 제목, 소단원 제목, 주제도 아주 잘 보아야 한단다.**

② 학습목표를 보고 내용을 연결하며 읽기!

교과서에 들어 있는 수많은 내용 중에서 중요한 내용은 어떤 걸까? 그건 학습목표를 보면 알 수 있어. 그래서 **내용을 읽기 전에 학습목표부터 주의 깊게 봐야 해.** 그리고 나서 내용을 읽는데, 학습목표에 해당하는 내용이 나오면 밑줄을 그어 두고 나중에 또 보렴.

③ 그래프와 지도도 아주 중요해!

사회 시험지를 받아보면 종종 그래프와 지도가 보일 거야. 그러니까 **교과서를 읽을 때 글자만 읽지 말고 그래프와 지도, 도표도 눈여겨보아야 한단다.** 무엇을 나타냈는지, 그 그래프와 지도를 통해 무엇을 알 수 있는지 분석하는 게 중요해. 그래프와 지도가 나오면 반드시 본문의 내용과 연관지어 이해해야 해.

④ 사진 자료도 꼼꼼히 보기!

그래프와 지도 외에 사진과 그림 자료도 매우 중요하단다. 이들 자료는 본문 내용을 더 잘 이해하게 해 주기도 하고, 그 아래 작은 글씨로 설명된 부분을 통해서는 새로운 정보와 지식도 얻을 수 있어. 가끔 시험에도 나오니까 꼼꼼히 봐 두렴!

사회 마인드맵 비법 ❶

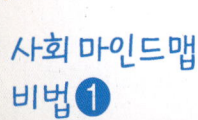

목차 정리로 머릿속에 사회지도 그리기

사회 필기를 할 때 가장 먼저 단원 제목과 학습 주제를 일목요연하게 마인드맵으로 정리해 보렴. 목차 마인드맵은 사회 공부의 길잡이가 될 거야.

Mind Map 29 · '목차' 마인드맵

단원의 목차를 정리한 마인드맵이야. 각 차례의 중심개념도 정리했어.

주제 정리는 그림, 도표, 사진 활용!

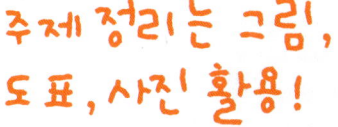

사회 마인드맵 비법 ❷

본문 내용을 마인드맵으로 정리할 땐 학습주제를 가운데 적고 관련 단어 중심으로 가지를 뻗어 나가렴. 그리고 이해를 돕기 위해 그림, 도표, 사진을 적극적으로 활용하면 좋아.

Mind Map 30 — '내용 정리' 마인드맵

선사시대 사람들의 생활을 그린 마인드맵이야. 그림이 곁들여져 있어 재미있어.

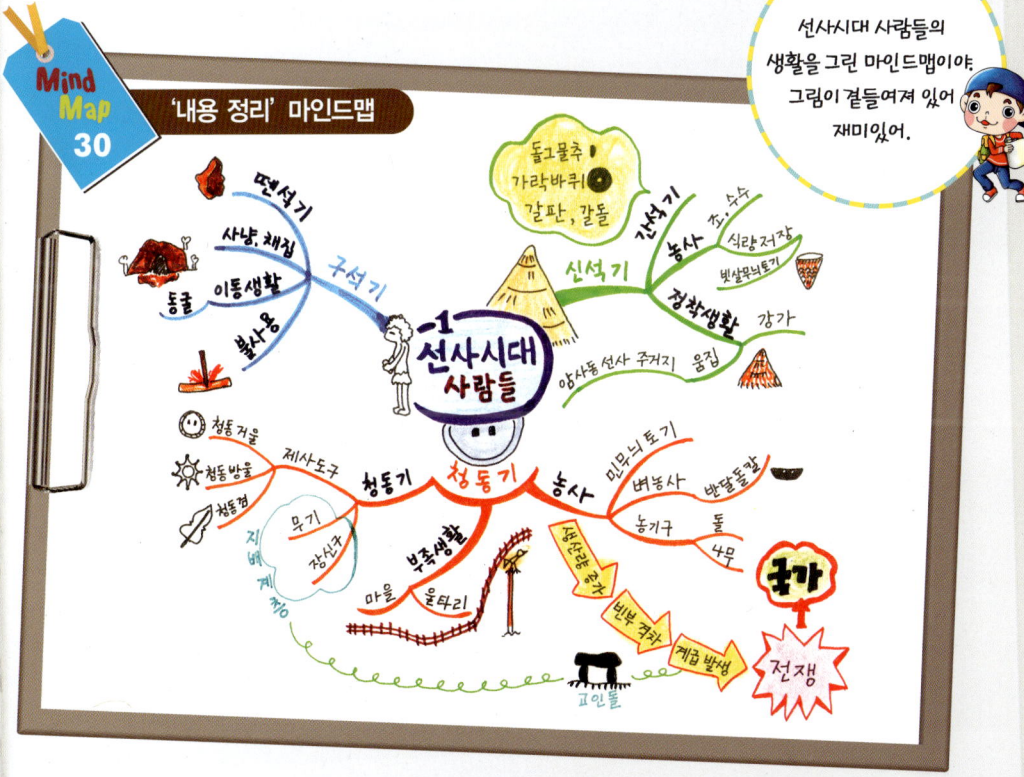

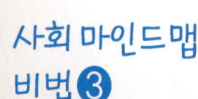

사회 마인드맵 비법 ❸

그래프와 지도 분석도 마인드맵으로!

그래프와 지도를 정리할 땐, 노트의 중앙에 그래프나 지도를 그린 다음 설명이 필요한 부분에 가지를 연결하여 내용을 쓰면 돼.

지도를 그린 다음에 각 부분의 핵심을 정리한 마인드맵이야.

Mind Map 31 '지도' 마인드맵

마인드맵 활용으로 사회 암기 끝!

사회는 다른 어떤 과목보다 암기가 중요해.

저학년 때는 굳이 외우려고 애쓰지 않아도 공부할 양이 적어 교과서를 한두 번 보면 내용이 쉽게 외워졌을 거야.

하지만 고학년 때부터는 제대로 외우지 않으면 시험을 잘 보기 어렵단다. 양도 많고 새로운 용어들도 아주 많이 나오기 때문이지.

그럼 어떻게 암기하면 좋을까? 이때 마인드맵을 활용하면 돼.

시험범위에 해당하는 마인드맵을 보고 먼저 중심 단어를 확인해. 그 단어들을 확실히 외워야 해. 그 다음 그게 무슨 뜻인지, 다른 용어들과 어떤 관계가 있는지 떠올려 보렴. 그런 다음 이제 마인드맵에 담긴 내용을 설명해 보는 거야. 이때 발표를 하듯 소리 내어 말하면 더 효과가 좋아. 확실히 알지 않으면 설명이 잘 안 되거든.

참, 무슨 내용인지 잊어버렸으면 교과서와 전과를 참고해서 확실히 알아두렴. 완전하게 설명할 수 있을 때까지 반복해서 연습해야 해.

마인드맵을 잘 설명할 수 있다면 이번엔 같은 내용으로 다시 마인드맵을 그려 보는 거야. 왜 또 그리냐고? 제대로 알고 있는지 확인하는 거지.

눈으로 마인드맵을 보고, 말로 설명하고, 마지막으로 그걸 보지 않고 다시 그려 봐. 그럼 공부한 내용을 완전하게 암기될 거야.

친구들의 사회 마인드맵 엿보기

사회는 내용이 많아 마인드맵도 복잡할 거라는 생각이 들지? 친구들의 마인드맵을 보면 너도 할 수 있다는 자신감이 생길 거야!

Mind Map 32 '경제 선택' 마인드맵

- 현명한 선택!
  - 선택과정
    - 1 필요한 것 확인
    - 2 정보 수집
    - 3 선택 기준
    - 4 선택 결과 평가
    - 5 결정
  - 선택문제
    - 발생이유: 원하는 것·필요한 것 > 자원
    - 종류: 무엇을, 양, 얼마나, 어떻게
  - 현명한 선택
    - 자원·돈 절약
    - 선택 기준: 필요성, 편리함, 품질, 가격, 디자인, 사회영향, 환경
    - 사람마다 중요하게 여기는 선택기준 다름.

경제생활에서 현명한 선택을 해야 하는 이유와 그 방법에 대한 마인드맵이야.

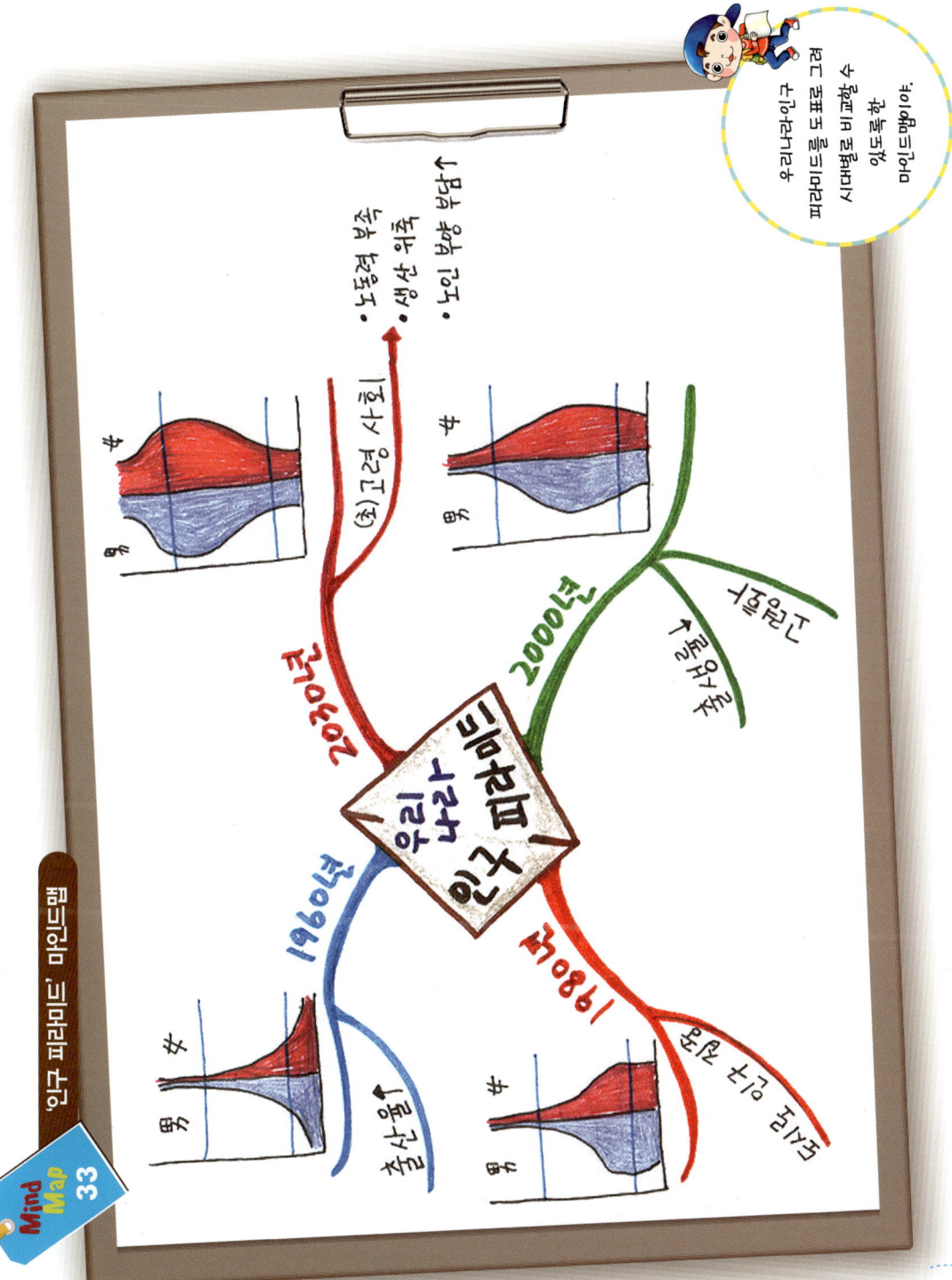

사회는 발이 먼저, 손이 나중이야!
먼저 여기저기 다니면서 배경지식을 기르고
교과서를 순서대로 읽어야지. 그 다음 내용을
마인드맵으로 정리해 암기하면 끝!

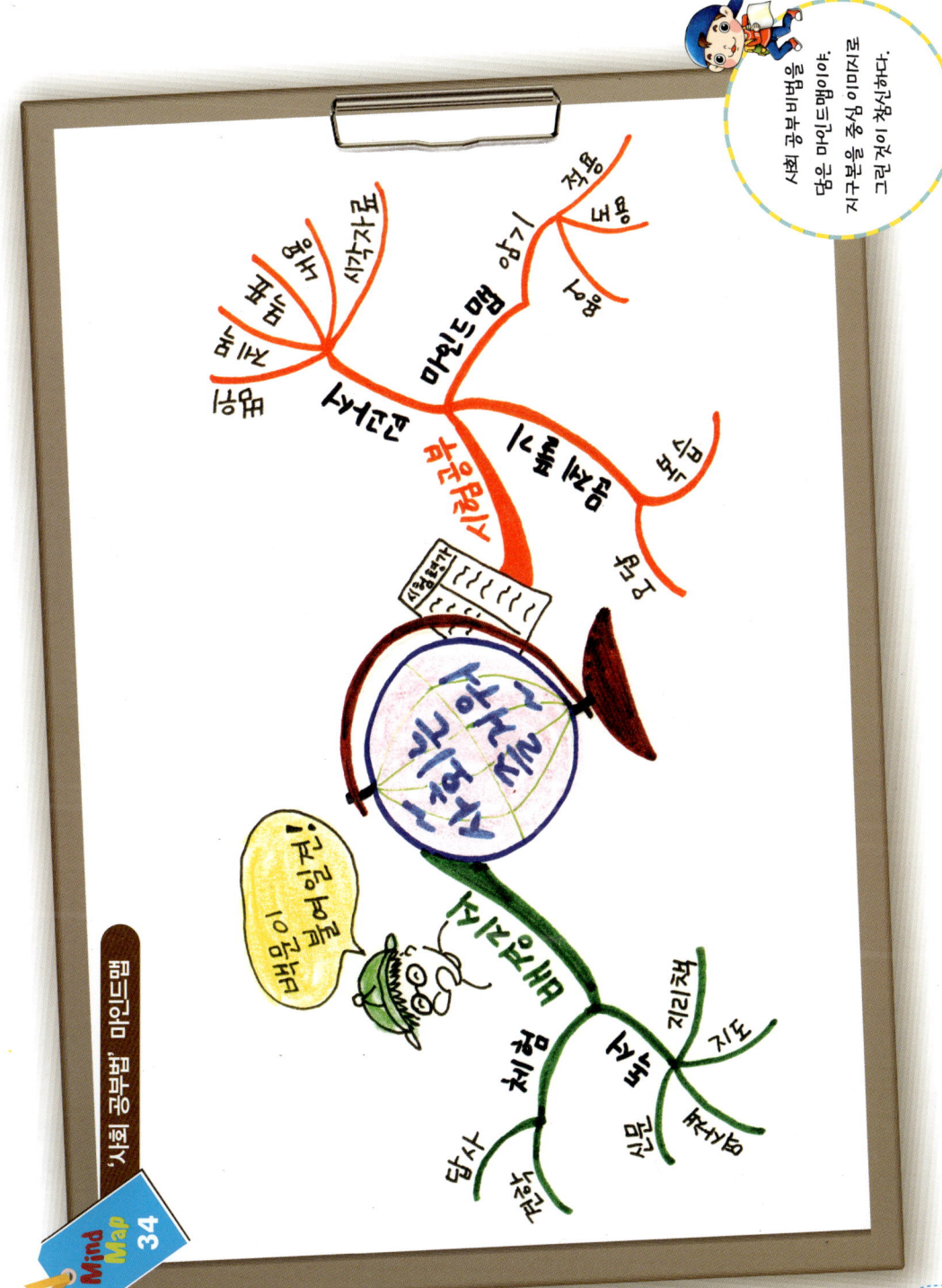

과학은 **호기심**과 **관찰력**이 중요해!
'왜?' 라는 호기심으로 자연 현상을 관찰하고 실험도 해 봐.
과학책, 과학 만화, 과학 잡지도 많이 읽으면 과학 공부가 쉬워질 거야.
과학 교과서엔 실험하고 관찰하는 탐구활동이 많아.
탐구 주제, 재료 및 도구, 방법 및 순서, 결과를 마인드맵으로 정리해.
그리고 과학 개념과 원리를 이해하는 것도 중요해.
과학 시험엔 그림이나 사진이 많이 나오니까 이것도 잘 봐야겠지!

6장

질문하고 실험하고 관찰하고, 과학 마인드맵 비법

과학은 호기심에서 시작한다

질문하고 실험하고 관찰하고
과학 마인드맵 비법
과학은 호기심에서 시작한다

과학이 점점 더 어려워져요.

어렸을 땐 꿈이 과학자일 정도로 과학을 정말 좋아했어요.

그런데 지금은 싫어하는 과목 1등이에요. 왜냐고요?

교과서를 봐도 뭐가 뭔지 모르겠어요.

설명도 없고 실험하는 사진만 잔뜩 나와 있어요.

과학도 사회처럼 암기 과목인가요? 외우는 건 자신 없는데……

방법 좀 알려 주세요!

과학은 어려워? 알쏭달쏭 흥미롭게!

스마트 폰, 디지털 텔레비전, 노트북, ……. 날마다 새로운 제품이 쏟아져 나오는 지금은 과학기술의 시대야.

그러니까 우리가 이 세상을 살아가려면 과학기술을 사용하지 않을 수 없고, 그럼 과학에 대해 어느 정도 알고 있어야 해. 과학자처럼 전문적으로 알지는 못해도 학교 교육과정에 있는 지식들 정도는 이해해야 사는 데 불편함이 없겠지? 과학 공부를 하면 또 어떤 점이 좋을까?

과학 공부의 좋은 점

1. 과학에 대한 여러 지식을 쌓을 수 있다.
2. 자연 현상에 대한 호기심을 해결할 수 있다.
3. 과학적 사고방식을 기를 수 있다.
4. 탐구심과 추론 능력을 키울 수 있다.
5. 미래 사회의 변화를 예측할 수 있다.
6. 과학자나 발명가의 꿈을 키울 수 있다.
7. 창의적인 문제 해결 방법을 찾을 수 있다.

과학은 호기심이 중요해!

더운 여름, 강가를 지날 때 물고기가 뛰어오르는 걸 본 적 있니? 이걸 보고 사람들은 여러 생각이 들 거야.

어떤 사람은 '손으로 확 잡아버릴까?', 또 어떤 사람은 '물고기가 뛰어오르다니…… 별 일이 다 있네.'라고 생각하겠지. 너라면 어떤 생각이 들겠니? 만약 '물고기가 왜 뛰어오르지?'라는 생각을 할 것 같다면 너는 과학을 아주아주 잘할 수 있는 아이란다!

과학은 '왜?'라는 호기심이 머릿속에 가득해야 해.

유명한 과학자, 발명가들을 보렴. 아주 사소한 현상도 그냥 지나치지 않고 궁금해 했지. 에디슨도 어렸을 때부터 세상 모든 게 물음표였대. 왜 그런지, 정말 그런지 궁금증을 주체할 수 없어서 자기가 직접 이것저것 해 보다가 말썽 아닌 말썽을 피우게 됐지.

에디슨만큼은 아니지만 우리 주변에서 일어나는 여러 자연 현상에 호기심을 가져 보자. 그런 다음 관찰도 하고 실험도 하고 책도 읽으면 과학 공부는 준비 끝이란다!

두리번두리번 관찰하고 실험하고!

이제 호기심이 마구마구 샘솟는다면, 자세히 보고 조작해 보는 일을 해 보자. 그건 바로 관찰하고 실험하는 일이란다!

과학 교과서를 한 번 펼쳐 봐. 대부분의 내용이 어떻게 되어 있니? '실험과 관찰'일 거야. 과학에서 이 두 가지는 호기심을 푸는 열쇠란다.

호기심을 갖는 건 중요하지만 그대로 두어선 안 돼. 그걸 해결하려고 이것저것 시도해 봐야지. 이것이 과학적 탐구 활동이야. 학교에서도 많이 할 테지만 집에서도 밖에서도 해 보렴.

우리 주변엔 관찰할 것도 많고 실험해 볼 것도 정말 많아. 예를 들어 부레옥잠을 보면 그 생김새를 자세히 보는 거야. 물에 둥둥 떠 있는데, 잘 보면 잎사귀가 부푼 걸 알 수 있어. 잎사귀 안 공기 구멍 속에 공기가 들어 있어서 그런 거지. 이걸 수조에 담아 비눗물을 조금 넣어 물을 깨끗하게 하는 데 얼마만큼의 시간이 걸리는지 실험해 보는 건 어때? 그럼 책에서만 보는 것보다 더 확실한 지식을 얻을 수 있겠지?

과학 만화, 과학 잡지도 좋아!

요즘엔 집집마다 과학 학습만화와 과학 잡지가 많아.

과학 만화나 과학 잡지에 나오는 캐릭터들은 아주 웃겨. 그들의 행동이나 말은 명랑하고 친근하지. 이렇게 어려운 과학을 만화로 접하니까 쉽고 재미있다는 생각이 들 거야.

하지만 과학과 관련된 내용이 나올 때마다 대충 보고 페이지를 휙휙 넘긴다면 읽어도 별 소용이 없어. 다음 사항에 주의해서 읽자.

과학책 읽을 땐…

① **여러 번 반복해서 읽기!** 처음 읽을 땐 누구나 만화만 보게 돼. 그러니까 같은 책을 서너 번 읽으면서 과학에 대한 내용도 익혀 보렴.

② **사진이나 그림은 아주 자세히 보기!** 사진이나 그림은 과학을 더 잘 이해하게 해 주지. 만화 캐릭터가 없다고 대충 보지 말고 어떤 이미지인지 찬찬히 보렴.

③ **모르는 과학 개념은 노트에 정리하기!** 열 번 읽는 것보다 한 번 쓰는 것이 더 잘 이해되고 암기돼. 새로운 개념은 간단히 적어 두자.

재미와 지식을 잡는 과학책

과학책 중에 재미도 있고, 활용도도 높은 시리즈를 몇 가지 소개할게. 나의 흥미와 수준, 관심에 따라 골라 읽어 보렴.

신기한 스쿨버스 시리즈

초등 저학년에게 추천해. 동화식으로 되어 있어서 재미있게 읽을 수 있어. 아이들을 과학의 세계로 이끄는 프리즐 선생님이 아주 엉뚱하고 웃겨서 어려운 과학 지식도 쉽게 느껴질 거야.

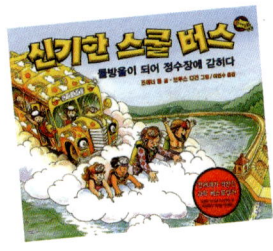

토토 과학 상자 시리즈

초등 중학년에게 추천해. 이야기로 쉽게 풀어쓴 과학책이야. 화학, 물리, 환경, 지구, 등 한 분야의 기초 지식을 이해하기 쉽게 담았어. 이 책을 통해 우리 생활과 주변 현상을 과학적으로 이해할 수 있단다.

초등과학 뒤집기 시리즈

초등 고학년과 과학에 관심이 많고 과학자의 꿈을 가진 아이에게 추천해. 분야별, 주제별 과학 지식을 매우 자세하게 담았어. 그림이나 사진도 많아서 정확히 이해할 수 있고, 학교 공부에도 매우 도움이 된단다.

109

질문하고 상상하며 과학 교과서 읽기

과학 교과서는 글보다 그림이나 사진이 훨씬 많아. 실험하고 관찰하는 것을 직접 보여 주기 위해서지.

그래서 과학 교과서를 읽을 땐 글만 보는 것이 아니라 사진도 아주 자세히 봐야 한단다. 그래야 중요한 지식을 제대로 이해할 수 있어.

① 탐구 질문과 학습 용어 알기

단원을 펼쳐 보면 가장 먼저 탐구 질문과 학습 용어가 나와 있어. **무엇을 왜 배우는지 알아야 공부에 집중할 수 있단다.** 그래서 이 질문과 용어를 확인하고 교과서를 읽어나가야 해.

② 탐구 활동의 주제, 방법, 결과 찾아가며 읽기

과학 교과서에는 유독 탐구 활동이 많아. 과학적 지식이 이 탐구 활동을 통해 얻어지기 때문이지. **탐구 활동이 나오면 탐구 주제와 준비물, 방법과 순서, 마지막으로 결과를 주의 깊게 보아야 해.**

③ 과학적 개념과 원리 이해하기

탐구 활동이 끝나면 그를 통해 알게 된 과학적 개념과 원리를 이해해야 해. 예를 들어 '식물의 자람'을 주제로 탐구 활동을 했다고 하자. 햇빛을 잘 받는 식물과 그렇지 않은 식물을 비교 관찰하는 실험이었다면 햇빛을 잘 받는 식물이 더 잘 자란다는 결과를 얻게 될 거야. 그렇다면 이제 왜 그런지, 그 안에 어떤 과학적 원리가 숨어 있는지 알아야 해. 식물이 자라는 데 햇빛이 필요하고, 여기엔 광합성 원리가 숨어 있어. 광합성 원리란 식물이 물과 햇빛을 이용해서 성장하는 데 필요한 양분을 스스로 만드는 걸 말해.

과학적 개념과 원리는 단순히 암기하기보다 어째서 그러한지 이해하는 것이 중요하단다.

④ 과학 이야기 읽기

한 단원씩 끝날 때마다 과학 이야기 코너가 있지? 그냥 넘기지 말고 천천히 읽어 보렴. 본문에서 배운 과학 지식이 더 확장되고 응용되어 나와 있어.

첨단 과학, 생활 속의 과학, 역사 속의 과학, 과학자 이야기 등 재미있는 내용, 쓸모 있는 내용이 참 많아서 과학에 흥미를 키울 수 있단다.

과학 만점을 위한 문제 유형

과학 시험이나 수행평가를 보면 어떤 생각이 드니? 혹시 자주 나오는 문제 유형이 있는 것 같다는 생각이 드니? 그렇다면 문제를 아주 잘 본 거야. 과학 시험은 매번 비슷한 문제들을 내거든. 그래서 과학 공부를 할 땐 여기에 초점을 맞춰 공부하면 편하고 쉬워.

① 탐구 주제를 묻는 문제

교과서에 보면 실험하고 관찰하는 탐구 활동이 많은데, 그 주제를 묻는 문제가 가끔 나와. 관련 사진을 보여 주거나 설명을 쓴 다음 무엇을 알아보기 위한 실험인지 묻는 거지.

② 실험 도구와 관련된 문제

탐구 활동을 할 땐 도구가 필요해. **다루기가 까다로운 실험 도구는 사용법이나 조작하는 순서를 묻는 문제가 나오지.** 윗접시저울, 온도계, 메스실린더, 알코올램프, 스포이트 등이 있어.

③ 탐구 순서와 관련된 문제

탐구 순서와 방법을 묻는 문제는 과학 시험에 매우 자주 나온단다. **순서를 차례대로 찾아 쓰거나 배열하는 문제가 대표적이지.** 그리고 중요한 과정에 대해선 왜 그 과정이 필요한지 묻기도 해.

④ 탐구 과정에서 **주의할 점**을 묻는 문제

실험하고 관찰할 때 주의할 점이 있어. 이걸 지키지 않으면 제대로 된 결과가 나오지 않기 때문에 꼭 알아야 해. 그래서 시험에도 자주 나온단다. 특히 서술형으로 나올 수 있으니 꼭 암기해야 해.

⑤ **탐구 결과와 그 이유**를 묻는 문제

사진이나 탐구 과정을 보여 주고 그 결과를 묻는 문제나 결과를 제시한 다음 그 이유를 묻는 문제도 종종 나와.

⑥ 탐구 활동과 관련된 **과학적 개념과 원리**를 적용한 문제

과학적 지식을 주변 현상이나 생활과 관련하여 적용한 문제도 있어. 과학 개념과 원리를 정확히 알고 우리 주변에서 그와 관련된 현상을 알아야 해.

과학 마인드맵 비법 ①
과학적 개념과 용어 정리하기

한 단원의 전체적인 내용을 간단히 마인드맵으로 그리면 중심 개념과 용어를 한눈에 볼 수 있어. 서로 관련되는 것끼리 연결해서 그려 보렴. 교과서 단원 마무리에 있는 내용과 도표를 참고하면 쉽게 그릴 수 있어.

Mind Map 35 '과학 용어' 마인드맵

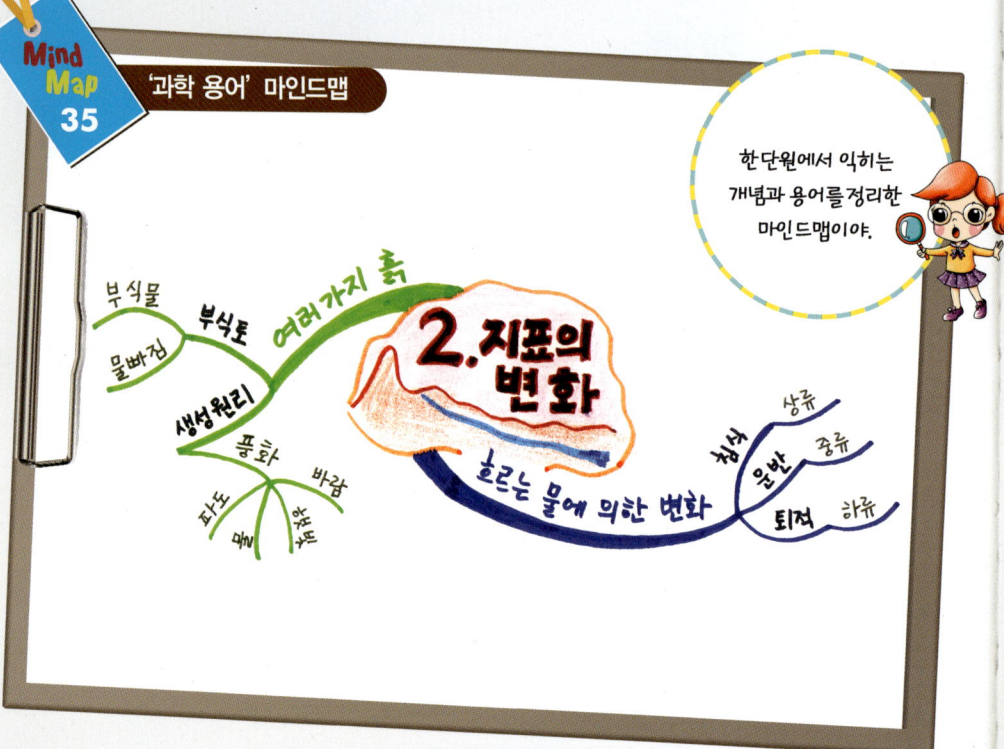

한 단원에서 익히는 개념과 용어를 정리한 마인드맵이야.

탐구 활동 한눈에 보기

과학 마인드맵 비법 ❷

탐구 활동 내용은 빠짐없이 마인드맵으로 그려 보자. 중심 이미지에 탐구 주제를 표현한 다음, 주가지에 준비물, 탐구 순서, 결과, 과학적 원리를 각각 쓰는 거야. 그리고 세부가지에는 그림과 핵심어를 사용하여 각 내용을 표현하면 돼.

'물 빠짐' 실험 마인드맵이야. 과정을 그림으로 간단히 표현한 것이 인상적이네.

Mind Map 36 '탐구 활동' 마인드맵

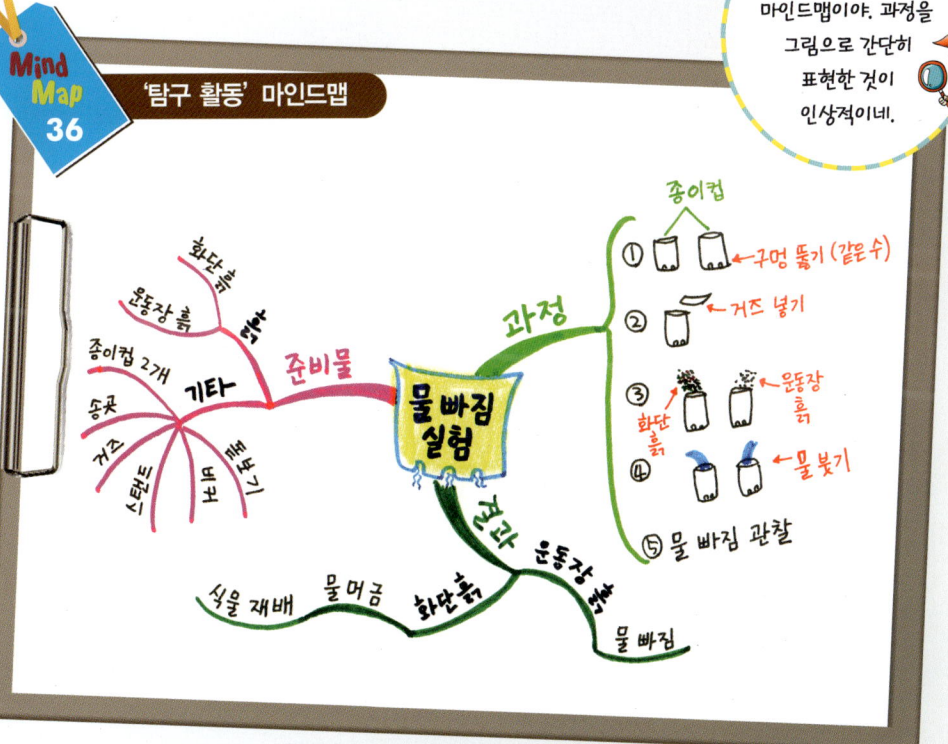

과학 마인드맵 비법 ❸

과학 이야기와 과학 글쓰기

교과서의 과학 이야기 코너에는 생활 속 과학, 역사 속 과학 이야기가 나와. 핵심만 콕콕 집어 마인드맵으로 그려 봐. 그리고 과학 글쓰기 마인드맵을 그릴 때는 중심 이미지에 글의 주제를 표현하고, 활용할 자료와 쓸 내용을 연결해서 표현하면 돼.

Mind Map 37 '과학 글쓰기' 마인드맵

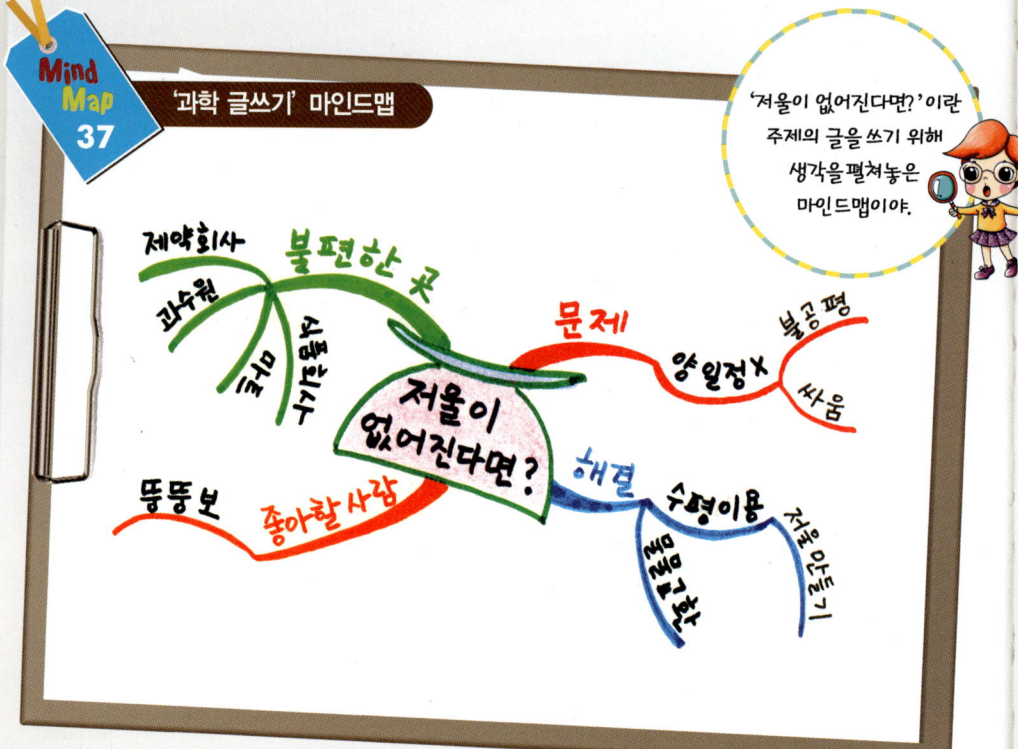

'저울이 없어진다면?'이란 주제의 글을 쓰기 위해 생각을 펼쳐놓은 마인드맵이야.

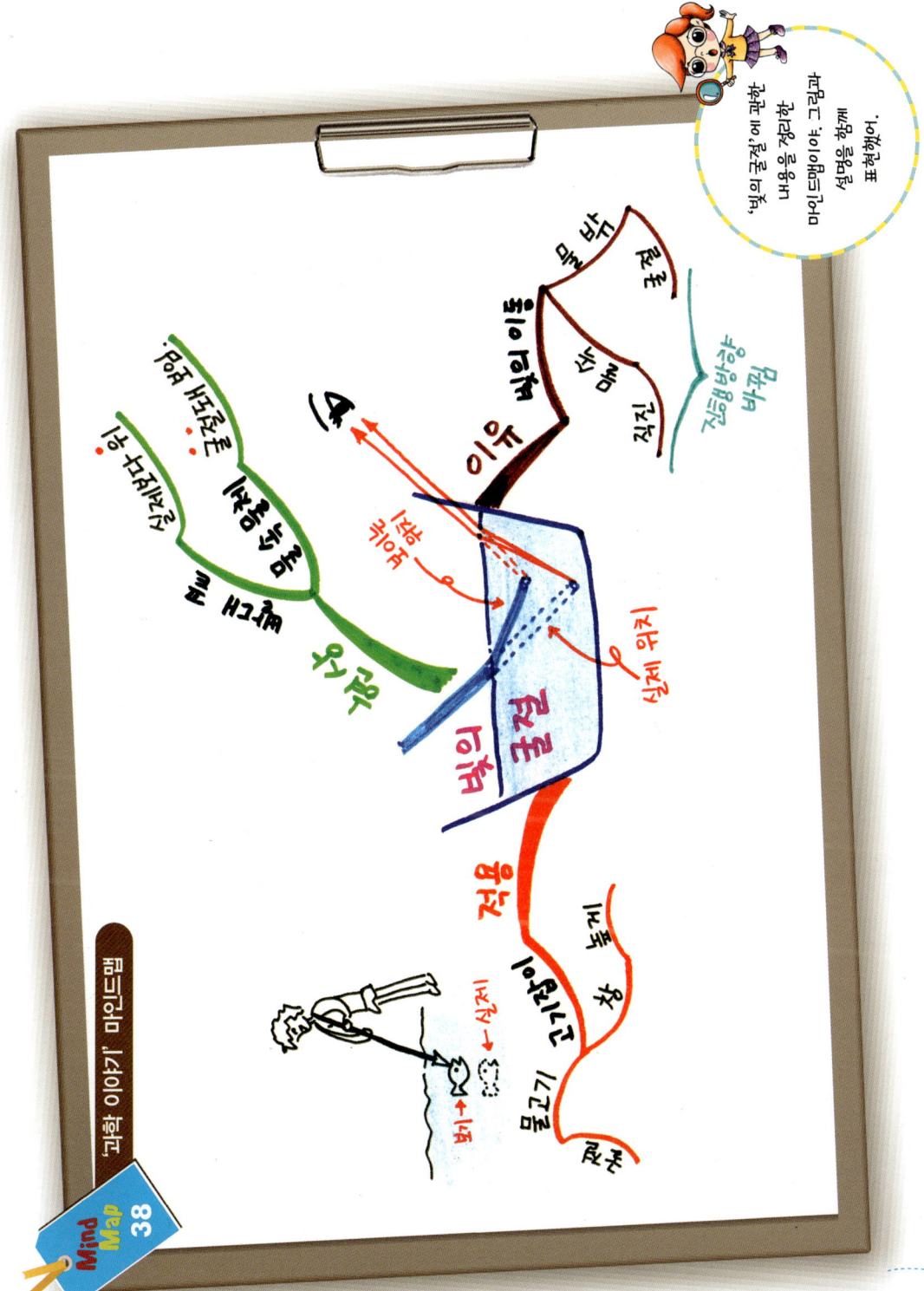

친구들의 과학 마인드맵 엿보기

과학은 실험, 관찰 내용이 많아. 그래서 마인드맵을 그리면 다른 과목에 비해 그림이 많이 들어가지. 친구들은 이걸 어떻게 나타냈을까?

Mind Map 39 지구에 관한 마인드맵

지구에 대한 여러 가지 내용을 한눈에 볼 수 있도록 정리한 마인드맵이야. 달의 특징도 함께 정리했네.

과학은 실험과 관찰이 제일 중요해!
왜 그런지 직접 해 보는 게 제일 좋겠어.
교과서 탐구 활동은 마인드맵으로
정리하니까 정말 잘 이해되는구나!

독서는 모든 공부의 기본이자 바탕이야!
하지만 닥치는 대로 마구 읽으면 안 되고 **생각**하면서 읽어야 해.
책을 읽기 전에 질문을 만들면 더 집중하면서 읽을 수 있어.
읽다가 감동을 받거나 새로 알게 된 내용은 밑줄 쫙~
독서 마인드맵은 책의 내용과 감상을 한눈에 **표현**해 주지.
줄거리, 인물 관계, 주인공의 뇌구조 마인드맵 등 여러 가지야.

7 장

차원이 다른 책읽기와 독서 마인드맵 비법

생각하며 읽으면 독서가 더 즐거워진다

차원이 다른 책읽기와 독서 마인드맵 비법
생각하며 읽으면 독서가 더 즐거워진다

엄마가 대충 읽는다고 맨날 뭐라 그래요. 숙제할 땐 천천히 하면
빨리 하라고 하고, 책 읽을 땐 빨리 읽으면 머리에 뭐가 들어오냐면서
천천히 읽으라고 해요. 그래도 무슨 내용인지 다 아는데
왜 천천히 읽어야 하는지 모르겠어요.
괜히 시간 낭비 아니에요? 깊이 읽으라는데,
뭘 어떻게 읽는 게 깊이 읽는 건가요?

생각하면서 읽기 시작!

사람이 동물과 다른 점이 뭔 줄 아니? 바로 '생각한다는 거'야.

물론 동물 중에도 사고능력이 있는 동물들이 있어. 침팬지 같은 유인원은 사람처럼 도구도 사용하고 거짓말도 해. 이건 생각하는 능력이 있다는 걸 보여 주지. 하지만 모두 낮은 차원의 단순한 사고란다.

반면 인간은 수준 높은 생각을 해. 눈에 보이는 것뿐만 아니라 보이지 않는 추상적인 것까지 생각할 수 있지. 덕분에 인류가 지금의 문명을 누릴 수 있게 된 거야.

독서는 인간의 사고를 더 깊고 넓게 해 준단다. 문명이 점점 더 발달하게 된 것도 책을 통해 지식과 지혜를 배우고 익혔기 때문이지.

책을 읽을 때 천천히 생각하며 읽는다면 더 많은 걸 얻을 수 있단다. 그러니까 단순히 기본 내용만 아는 데 만족하지 말고 책을 쓴 이유와 동기, 작가가 하고 싶은 말, 나의 생각과 다른 점 등을 생각하며 읽는 거야. 마치 책 속 주인공이나 책을 쓴 작가와 대화를 나누듯 말이야. 그럼 책 내용도 더 잘 이해되고 책에서 아주 많은 걸 얻을 수 있을 거야.

깊고 엉뚱한 생각법

생각하면서 읽기 위해서는 생각의 종류와 방법을 알아야 해.
이 책 첫 부분에서 마인드맵에 대해 말할 때 생각을 억압하지 않기로 했지? 논리적이고 분석적인 생각뿐만 아니라 자유롭고 엉뚱한 생각도 다 좋은 생각이야. 다음 방법을 적용해 보면 자유롭게 생각할 수 있을 거야.

요약하기 책 속의 핵심 내용을 간추려서 생각해 보는 거야. 책에 나온 기본 정보와 지식을 있는 그대로 떠올리고 정리해 보는 거지.

 책에 나와 있는 기본적인 내용을 바탕으로 그 뜻이나 이유를 추론해 보는 거야. 등장인물의 말과 행동을 통해 성격을 파악해 보거나 특정한 구절이나 장면의 의미, 제목이나 소재의 뜻, 주제 등을 분석할 수 있지.

비교하기 책 속 등장인물의 성격이나 특성을 견주거나 어떤 두 장면을 비교해 보는 거야. 아니면 우리가 사는 현실과 책 속 세상을 비교할 수도 있지.

판단하기 등장인물의 말과 행동이 옳은지 그른지 판단해 보는 거야.

비판하기 주인공의 잘못을 꼬집거나 어떤 상황의 문제를 지적해 보는 거야. 또 글쓴이의 의도나 설정 중에 나의 생각과 맞지 않는 부분도 비판할 수 있어.

평가하기 책의 긍정적인 면과 부정적인 면을 따져 보는 거야. 책표지부터 내용, 주제, 표현 등 여러 면에서 나름의 평가를 내려 보렴.

상상하기 결말이나 주인공의 성격을 바꿔 새롭게 이야기를 꾸며 보거나 뒷이야기를 상상해 보는 거야. 또 내가 주인공이라면 어떻게 했을지 가정해 보는 것도 재미있지.

적용하기 나도 책 내용과 비슷한 경험이 있는지 떠올려 보거나 다른 형식으로 바꿔 보는 거야. 노래, 희곡, 광고 등으로 바꿀 수 있지.

생각은 깊을수록, 엉뚱할수록 좋은 법!

생각하는 법을 배웠는데도 생각이 어렵다고? 아직 익숙하지 않아서 저절로 생각이 떠오르지 않는 걸 거야. 그렇다면 좀 더 쉬운 방법을 알려 줄게. **책을 읽기 전에 몇 가지 질문을 만들어 보면 돼.**

책도 안 읽었는데 어떻게 질문을 만드냐고? 다 방법이 있지. 표지, 머리말, 목차를 훑어보면서 궁금한 걸 적어 보렴. 다음과 같이 질문해 볼 수 있어.

질문 만들기

- 언제, 어디에서 일어난 일일까?
- 주인공은 어떤 사람일까?
- 주인공이 어떤 어려운 일을 겪게 될까?
- 주인공은 어려움을 어떻게 해결할까? 혼자 해결할까, 아니면 도움을 받을까?
- 작가는 이 책을 왜 썼을까?

마음이 '쿵'하면 밑줄 쫙~

책을 읽다가 심장이 두근거리거나 마음이 '쿵' 하는 느낌이 들었던 적 있니? 아니면 책에서 설명하는 장면이 마치 사진이나 영화처럼 머릿속에 떠오른 적은?

만약 이런 일들이 있었다면 그 부분이 매우 인상적이었기 때문이야. 책에 흠뻑 빠져 실감나게 읽을 때, 상상력을 발휘하여 읽을 때 이런 반응이 나타나지. '진짜' 같다는 느낌이 들기 때문이야.

이런 부분이 나타나면 꼭 표시를 해 두렴. **밑줄도 긋고, 느낌표도 찍어 보고, 괄호 표시도 해 보는 거야.**

마음에 드는 구절은 웃는 눈(^^)처럼 표시할 수 있어. 또 슬픈 내용이 나오면 눈물을 흘리는 것(ㅠㅠ)처럼 표시할 수 있지.

참, 책 여백에 메모를 하는 것도 좋아. 내 생각도 적어보고, 궁금한 점이 있으면 그것도 메모를 해 두는 거야.

이렇게 메모를 하면서 읽으면 나중에 책을 다 읽고 나서 감상을 정리할 때 아주 많은 도움이 된단다. 메모한 부분을 중심으로 쓰면 되니까 억지로 생각을 짜낼 필요가 없어. 있는 그대로 나의 느낌을 솔직하게 쓰면 돼.

책을 읽는 이유와 목적을 정해!

주는 대로, 잡히는 대로 책을 읽다 보면 내가 왜 이 책을 읽는지 이유도 모른 채 닥치는 대로 읽게 돼.

이렇게 책을 읽는 사람을 '책벌레'라고 하지. 벌레처럼 무작정 읽는 사람 말이야. 이렇게 **책을 다짜고짜 많이 읽는 것도 나쁘지는 않지만 우리 인생에 그렇게 큰 도움은 되지 않는단다.**

책을 왜 읽는지, 또 어떤 목적으로 읽는지 생각해 볼 필요가 있어. 그러면 나의 상황과 처지에 맞는 책을 골라 더 많은 걸 얻어낼 수 있을 거야.

그렇다면 우리는 어떤 목적과 이유로 책을 읽을까? 크게 다섯 가지 경우가 있어.

① 즐거움을 위한 책읽기

책을 읽는 첫 번째 이유는 아마 즐거움을 얻기 위해서일 거야. 우리는 게임을 하듯 놀이를 하듯 책을 읽고 재미와 감동을 느끼지. 자기가 좋아하는 책을 읽으면 스트레스도 풀리고 여가시간도 잘 보낼 수 있어.

② 학습을 위한 책읽기

국어, 수학, 사회, 과학, 영어 등 각 과목을 더 잘하기 위해 관련 도서를 읽는 거야. 배경지식이 쌓일 뿐만 아니라 수업 시간에 잘 이해하지 못한 걸 알 수 있고 응용력도 길러진단다.

③ 관심 영역을 키우기 위한 책읽기

관심 분야와 흥미를 느끼는 분야가 있으면 책을 통해 더 자세히 알아보렴. 지식도 쌓고 관심 영역을 확대할 수도 있어. 한 분야에 대한 전문적인 지식은 꿈을 이루는 데도 도움이 될 거야.

④ 진로를 위한 책읽기

나중에 어떤 사람이 되고 싶고 무슨 일을 하고 싶니? 위인전이나 인물 이야기, 직업과 꿈에 대한 책을 읽으면 미래를 계획하고 진로를 정할 수 있어. 그 다음은 하나씩 실천하면서 실력을 쌓아나가면 된단다.

⑤ 교양을 쌓기 위한 책읽기

인간답게 살기 위해 갖추어야 하는 덕과 지혜 또한 독서를 통해 쌓을 수 있단다. 역사, 문학, 철학, 문화, 예술 관련 책을 읽으면 품위 있는 어른으로 성장할 수 있어.

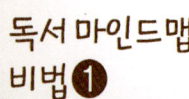

독서 마인드맵
비법 ❶

핵심만 쏙쏙,
줄거리 마인드맵

책의 줄거리를 단번에 정리하는 건 힘들어. 목차마다 중심 내용을 정리한 다음 연결하거나 시간 순서대로 정리하거나 사건의 원인과 결과 중심으로 정리할 수 있어.

마인드맵으로 정리할 때 누가, 언제, 어디서, 무엇을, 어떻게, 왜 했는지에 해당하는 내용을 핵심 단어로 표현하면 돼.

〈내 짝꿍 최영대〉
(채인선/재미마주)를 읽고
줄거리를 육하원칙에
따라 정리한
마인드맵이야.

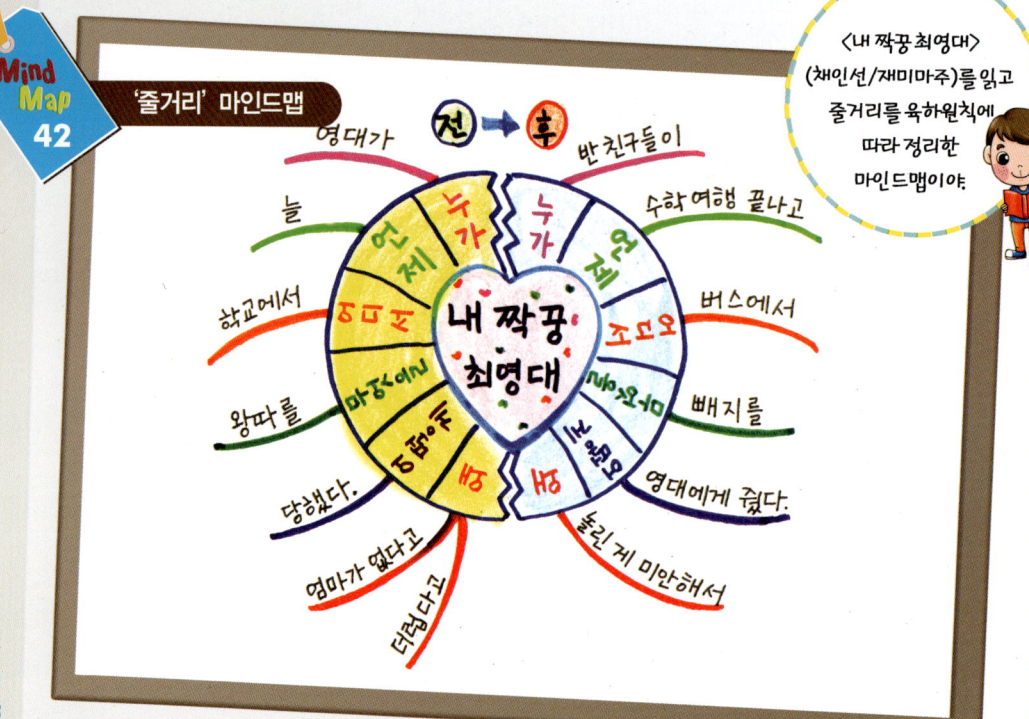

Mind Map 42   '줄거리' 마인드맵

누가누가 나오나?
인물 관계 마인드맵

독서 마인드맵 비법 ❷

책 속 인물들의 관계를 그릴 땐, 주인공을 중심으로 가족, 친구, 도움을 주는 이, 방해하는 자, 사랑하는 사람 등을 표시해 보렴. 선의 색깔로 우호적인 관계와 적대적인 관계를 구분하면 돼.

<〈박씨부인전〉의 인물 관계를 보여주는 마인드맵이야.>

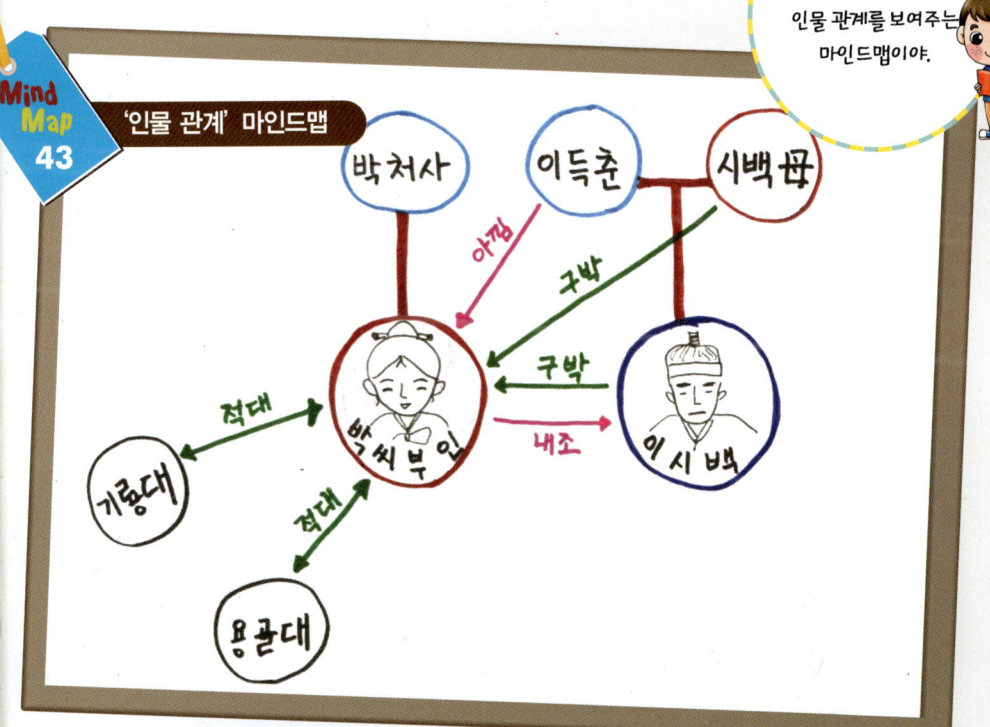

Mind Map 43 '인물 관계' 마인드맵

독서 마인드맵 비법 ❸

정체를 밝혀! 주인공 마인드맵

주인공의 여러 면을 한눈에 알기 쉽게 마인드맵으로 그려 봐. 주인공의 생김새, 성격, 한 일, 나와 닮은 점과 다른 점 등을 정리해 보는 거야. 생김새는 그림으로 그려도 되겠지?

《라스무스와 방랑자》(아스트리드 린드그렌/시공주니어)의 주인공 라스무스의 모습과 성격 등을 담은 마인드맵이야.

Mind Map 44

'주인공' 마인드맵

134

머릿속에 무슨 생각?
뇌구조 마인드맵

독서 마인드맵 비법 ④

등장인물들의 머릿속에 무슨 생각을 담고 있을까? 그들의 뇌 구조를 그려 보면 성격이나 특징을 더 잘 이해할 수 있을 거야. 등장인물이 가장 관심을 갖는 일을 뇌에서 제일 크게 차지하게 그리고, 그 외 좋아하는 것이나 하고 싶은 일 등을 작은 부분으로 나눠 적어 보자.

Mind Map 45

'뇌구조' 마인드맵

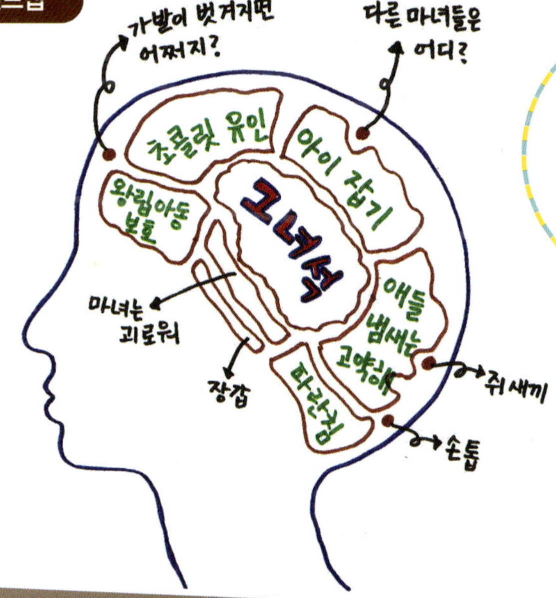

《마녀를 잡아라》(로알드 달/시공주니어)에 나오는 마녀의 뇌 구조를 그린 마인드맵이야.

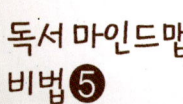

독서 마인드맵 비법 ⑤

감상은 자유! 제목 마인드맵

책 제목을 중심 이미지에 표현하고 기본 내용과 주제, 책에 대한 긍정적 평가와 부정적 평가, 감상 등을 자유롭게 적어 봐. 거기서 연상되는 것들까지 적어 넣으면 감상이 더욱 풍요로워질 거야.

〈마당을 나온 암탉〉(황선미/사계절)을 읽은 후의 생각과 느낌을 정리한 마인드맵이야.

Mind Map 46 '내용과 감상' 마인드맵

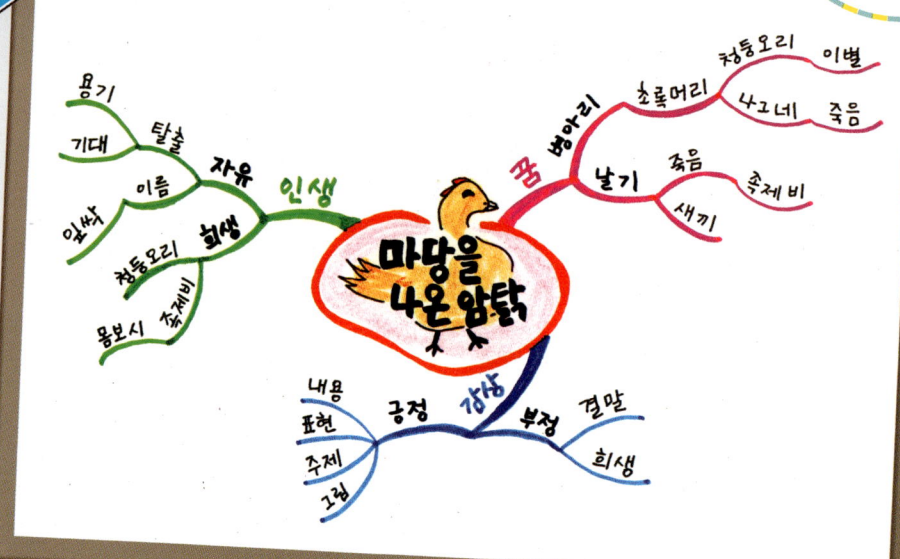

개념을 엮어~ 지식책 마인드맵

독서 마인드맵 비법 ❻

과학도서나 사회 관련 도서 등 지식책엔 새로운 용어와 개념이 많이 나와. 이걸 마인드맵으로 그려 보면 더 쉽게 이해할 수 있단다. 관련 그림도 그리고 설명도 간단히 적어 보자.

Mind Map 47 '지식책' 마인드맵

〈앙코르 사람들은 어떻게 살았을까〉(로버트 J. 케시/청솔)에 담긴 정보와 지식을 잘 분류해서 그린 마인드맵이야.

책은 나의 평생 친구야!
독서마인드맵으로 책 내용뿐만 아니라
나의 생각과 느낌도 자유롭게 표현해 볼 거야!
책아, 영원히 내 옆에 있어 줘!

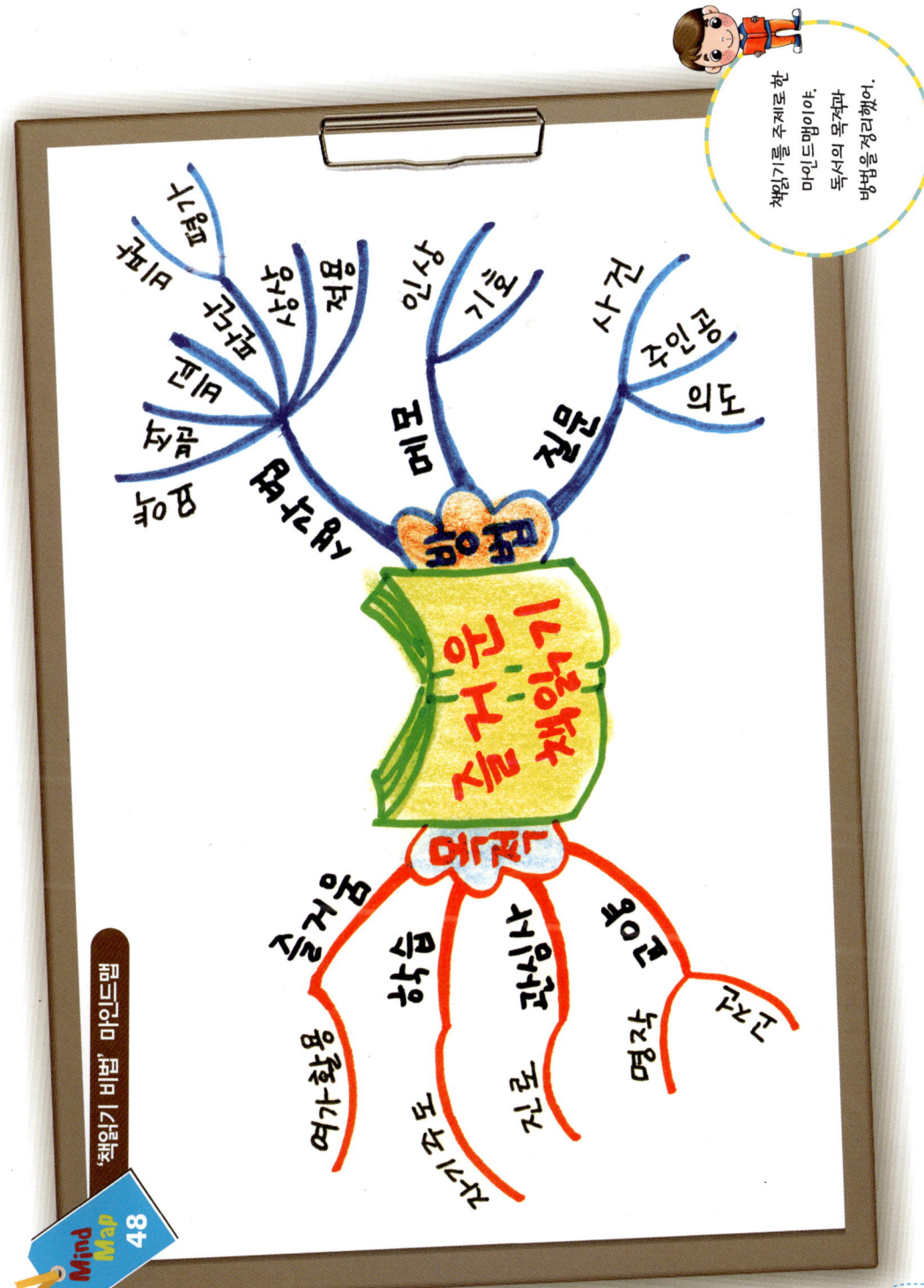

성적을 올리는 창의 공부 비법
초등 마인드맵 노트법

초판 1쇄 발행 | 2013년 8월 5일
초판 6쇄 발행 | 2025년 9월 25일

지은이 | 강승임
펴낸이 | 임정은
그 림 | 박현진
감 수 | 권봉중
디자인 | 디자인모노피㈜

펴낸곳 | ㈜SJ소울
등 록 | 제2025-000059호.(2008.10.29)
주 소 | 경기도 하남시 감일백제로180번길 17 퀸즈에비뉴 509호
전 화 | 0505-489-3167
팩 스 | 0505-489-3168
이메일 | starina75@naver.com

ISBN 978-89-94199-24-5 13370

※ 저작권자와 출판사의 동의 없이 내용의 일부를 인용하거나 전재하는 것을 금합니다.
※ 마인드맵®은 부잔센터코리아㈜, ㈜마인드맵코리아의 등록상표입니다.
※ 이 책에서 사용하는 마인드맵® 용어 및 관련 콘텐츠는 부잔센터코리아㈜ 및 ㈜마인드맵코리아의 승인 하에 ㈜SJ소울이 출간합니다.
※ 마인드맵® 관련 정보와 자료는 www.buzankorea.co.kr / www.mindmapkorea.co.kr을 참조하세요.

KC마크는 이 제품이 공통안전기준에 적합하였음을 의미합니다.